几时归去，作个闲人。

对一张琴，一壶酒，一溪云。

世事一场大梦，人生几度秋凉。

长恨此身非我有，何时忘却营营。夜阑风静縠纹平。

小舟从此逝，江海寄余生。

莫听穿林打叶声，何妨吟啸且徐行。

竹杖芒鞋轻胜马，谁怕？一蓑烟雨任平生。

苏东坡传

几时归去　作个闲人

白落梅／著

湖南文艺出版社
HUNAN LITERATURE AND ART PUBLISHING HOUSE

博集天卷
CS-BOOKY

图书在版编目（CIP）数据

几时归去　作个闲人：苏东坡传 / 白落梅著. --
长沙：湖南文艺出版社，2020.6
ISBN 978-7-5404-9594-7

Ⅰ. ①几… Ⅱ. ①白… Ⅲ. ①苏轼（1036-1101）—传记 Ⅳ. ①K825.6

中国版本图书馆 CIP 数据核字（2020）第 057018 号

上架建议：畅销书·传记

JISHI GUIQU ZUO GE XIANREN: SU DONGPO ZHUAN
几时归去　作个闲人：苏东坡传

作　　者：白落梅
出 版 人：曾赛丰
责任编辑：刘雪琳
监　　制：刘　毅
策划编辑：刘　毅　陈文彬
文字编辑：柳泓宇
营销编辑：刘晓晨　刘　迪　段海洋
装帧设计：利　锐
插　　图：视觉中国
内文排版：麦莫瑞
出　　版：湖南文艺出版社
　　　　　（长沙市雨花区东二环一段 508 号　邮编：410014）
网　　址：www.hnwy.net
印　　刷：天津丰富彩艺印刷有限公司
经　　销：新华书店
开　　本：875mm×1270mm　1/32
字　　数：193 千字
印　　张：8.5
插　　页：4
版　　次：2020 年 6 月第 1 版
印　　次：2020 年 6 月第 1 次印刷
书　　号：ISBN 978-7-5404-9594-7
定　　价：48.00 元

若有质量问题，请致电质量监督电话：010-59096394
团购电话：010-59320018

所有来去
都是过往

雨日喝茶最得深趣，亦有情味。仿佛天下纷扰，都远离这间小小屋舍。人世多少苦乐哀怨，皆不及当下的茶烟清好。

历史悠长，隔世经年，却又仿佛行去不远，时而就在身畔。多少秦汉风烟、唐宋人物，若庭院廊檐的一缕光影，明灭之间，有一种气度，惊动人心。

每个朝代，都有其不可遮掩的慷慨繁华，亦有忧思徘徊。他们的世界，与我们的一般，寻常的岁月里有清简的人情、平凡的物意。

回首千年，田畴溪山，闻浣女耕夫的喧哗；亭台水榭，有诗客词女的沉静。

读书，看戏，填词，只觉大宋山河都是今天的事。没有成败生死，没有功利营营，只有冷暖阴晴。

想当年，东坡一世高才，几多抱负，数十载宦海浮沉，始终抑郁不得舒展。他数次遭贬，多番落魄，却一路有佳人做伴，与之患难与共，情真意切。可见世间一切所失，必有所得。

若无仕途坎坷，又何来许多的好词佳句；若无困窘凄凉，又何来岁月里的款款情深。当初，他从眉山去往繁华汴京，所求的，也只是一纸功名，万丈荣光。

假如官场顺意通达，平步青云，他亦不会有"小舟从此逝，江海寄余生"之感叹。他这一生，背负浮名，流转迁徙，至死难脱。愿做庄子，逍遥红尘，高蹈世外；亦想学陶潜，悠然南山，守几亩田园，静候花落花开。

人世的华贵，朝堂的盛名，他都拥有过。他知高处不胜寒，唯愿与草木众生相依，在属于他的王朝里干净地活着。

这个熙攘又深稳的世间，总是风雨难料，喜忧莫测。你执意

所有来去　都是过往

清醒，却为世所不容，遭人妒忌；你假装糊涂，又诸多委屈，难遂心意。

　　置身官场，心系苍生，奈何风云更迭，好梦难圆。流落江湖，词华万卷，谁道岁月荒芜，总为银钱伤神。山河起起伏伏，光阴疏疏密密，所幸，东坡先生始终不缺一份旷达与明净。

　　都言他是大宋第一才子，文采风流，清澈通透。可他的一生，都在为了某种使命，不断地迁徙流转，难以停留。他无数次，与至高无上的名利擦肩，却又一直行走在权势的边缘，不可背离。也曾买田阳羡，欲做闲人，一茶一酒，一琴一云，终未称心如意。

　　也许，人间万般功贵，于他而言，抵不过岭上梅花的嫣然一笑。也许，他的一生，只是为了在大宋的时空，无悔地走过一遭。他的诗词，诉说了所有心事，毫无保留。你懂也好，不懂亦无妨，因为这一切，宛若春风桃柳，含蓄不尽。

　　宋朝的溪山水云还在，风月情事还在，那片洁净的星空，也曾有过盛世的慷慨，乱世的凋零。最后，都被写入一卷词中。如烟幻景，亦是绮丽多情，婉转风流。

　　他身边的女子，皆安静柔顺，有情有义。因为她们的相伴相守，他可以快意洒脱，万事不顾。王弗聪慧，为他红袖添香，与之琴瑟和

谐。王闰之贤淑，陪他流离失所，亦不愁不惧。朝云最知他心，懂他不合时宜，为其煮饭烧茶，暮暮朝朝。

一路风尘，非他所愿。乌台诗案，时过近千年仍觉惊心动魄，他身陷狱中，险些丧命。谪贬黄州，栖于寒枝，过了几载耕种的清贫生活。

高太后垂帘听政，启用旧党，苏轼得以被朝廷重用。可叹才华犹存，词人已老。清高洁净的他，早已不习惯朝堂之上的风云变幻。他请辞离开京城，去往杭州。直到太后去世，哲宗亲政，苏轼此生功名再无通达时。

贬去烟瘴之地的岭南惠州，与之同甘共苦的朝云，在此香消玉殒。流放至荒僻无比的海南儋州，他过着无所居、无可食的悲苦日子。岁月惊乱又荒唐，纵是旷达如他，亦不可抵御这场迷离的硝烟。

他未曾守到云开月明，便身染重病，绝尘而去。众生芸芸，再无一人令他断肠挂牵。曾经手植的三千株松树，在遥远的故里，护佑他的魂灵，无声无息。

人世给了他许多亏欠，但已无妨。明月松冈，西岭梅花，是他最后的眷恋。这样也好，苍颜白发，终须有个归处。如他词中所言："回首向来萧瑟处，归去，也无风雨也无晴。"

芒鞋竹杖，一蓑烟雨，没有人知道他去往何处。但他离不开宋朝的河山，亦走不出宋词的光阴。也为功名折过腰，为美人流过泪，如此，便是无怨悔。逆旅而行，几多困顿；飘然如风，几多潇洒。

自古多少豪杰莫不如他一样，忧患多于如意，怅然多于欣喜。但他们身边，总会有一个如朝云这样美好的女子，与之经风伴雨。她的一个深眸，一盏茶汤，足以抵消一世所有的缺失。

窗外，秋风薄凉，雨声缠绵，当下的岁月清安，让人贪恋。想他宦海飘零，终是无根之人。不及我这般幽居民间深巷，浅屋人家，厨下有米有柴，室内有茶有酒，日子清简，胜过尘世华丽万千。

世运有盛衰，人生有祸福，千古江山，风流人物，俱成尘烟。可知，多少波澜，已归寂静。所有来去，都是过往。

白落梅

目 录

目　录

第一章

人似秋鸿

他生在眉山，长在眉山，
蜀地的山光水色、
风土人情，赐予他无数诗情。
青山万里，翠水千寻，
渲染了他的风采，亦静澈了他的灵魂。

光阴漫漫，时觉温柔，时觉悲凉。千古江山，风流人物，恰似庭院里的花木，此消彼长，荣枯无意。万般起落得失，几多聚散来去，皆有机缘，都是境界。

人生故事，无不以繁华开场，平淡落幕。似春花，若秋月，锦绣如织，亦坦荡清澈。无论生于哪个朝代，历经怎样的山河，皆是一样的人世风景，离合兴亡。

自古江山如画，每个朝代都有其非凡气度、雅逸风骨。如阳光下

的花朵、雨后的修竹，也曾轻扬，也曾低婉。

魏晋之士，有一种仙气，他们可以不顾局势，忽略世乱，纵情山水，饮酒清谈。几丛幽篁，一丸丹药，一曲清音，便胜却无数莺歌燕舞。每个人，都是一篇抒情小赋，断绝了名利，亦解脱了灾劫。

盛唐的人皆是吉人，景皆为好景。春风牡丹，璀璨星辰，有一种盛况空前的慷慨与华丽。那时帝京繁兴，巷闾花开；那时人文俊秀，诗风烂漫；那时柴门小户，男耕女织，只觉天地无穷；那时荒旷古道，浩荡江流，亦有一种妙意。

岁序如水流转，冷月无声圆缺，不扰乱，不惊心。后来，有了宋的山河，汴京景象；也有了芸芸词客，嫣然风采。

宋朝是词的国度。宋朝的帝王坐在龙椅上，挥笔感触年华；宋朝的子民，行走于阡陌，观景伤远。大宋王朝是一卷辞章，草木温润简净，众生柔软多情。也有杀伐战乱，也有生灵无依，但瘦梅初放，冰雪有声，风物慈悲，心事庄严。

有这样一个人物，真实地存在于宋的历史中，婉转悠扬，却也如水月镜花，寂寥成空。

他生于宋的天下，行经江山万里，高才雅量，可傲王侯。他词文

人 似 秋 鸿

旷达洒逸，仕途跌宕起伏，情海波涛不息。但其处忧患不惊，遇风霜无惧，出入高墙宫苑仍自谦逊，往来百姓人家始终简净。

他本潇洒不羁，心无遮蔽，只道："回首向来萧瑟处，归去，也无风雨也无晴。"也曾困惑迷离，叹道："长恨此身非我有，何时忘却营营。"

他登山渡江，看天高云阔，赏汉唐遗迹，品天下美食。虽一路风雨，却有佳人做伴，享不尽的雅意艳情。他说："且将新火试新茶。诗酒趁年华。"

奈何"人生如逆旅，我亦是行人"。几番坎坷，看世态变迁，河山摇曳，心意阑珊，愿随闲云野鹤，超然红尘。转身挥笔，写下："几时归去，作个闲人。对一张琴，一壶酒，一溪云。"

他名苏轼，字子瞻，号东坡居士。四川眉山人，北宋著名文学家、书画家。他学识渊博，涉猎广泛，堪称千古第一全才。他于诗于词，于文于画，悉入上层，并独得妙境；于茶于酒，于食于药，皆相知相悦，并自会佳趣。

苏轼才思绝妙，清旷高华，似东风桃李自然分明，让人惊服称羡。那种瞬息起灵感，飒然成万言的气势，与李白不同，比子建犹佳。

李白铺笔，恍若黄河入海，奔腾肆虐，无止无歇。苏子入笔，则若云波万里，空明壮阔，却又浓淡有致，动静皆宜。

更为人称道的，是其卓尔不群的品格，如云天之鹤，若缥缈孤鸿。让人叹惋不已的，却是他的人世际遇，漫漫行途。

苏轼虽有高才，终是命蹇，寄身四海，一世飘零。近老时节，犹在海角天涯，不得安宁。虽有红颜相许，然而芳华早落，弦断琴销，终是守着孤苦残年，一人老去。

他生在眉山，长在眉山，蜀地的山光水色、风土人情，赐予他无数诗情。青山万里，翠水千寻，渲染了他的风采，亦静澈了他的灵魂。

时光散淡，难料人世风云多变，许多巧合，亦为必然。疾恶如仇的姿态，一览无余的性情，让他不肯与世俗为伍，亦不愿私结朋党，不依附于谁，不献媚于谁。他落落襟怀，似疏竹清风，恩怨清晰，是非分明。

苏轼二十一岁那年，初登进士第，青春年少，意气风发。方要乘风破浪，奈何命运急转，其母程氏去世。他归家丁忧，三载韶光，寄在山水，几多意趣，付与闲云。

人 似 秋 鸿

待他再度入京，参加制科考试，获得三等（最佳），成为"百年第一"。那时苏轼文名远播，才华超绝，甚得权贵器重。

后外出任官，三年期满，回朝时遇到了宋英宗。本可平步青云，擢为翰林，却因当朝宰相韩琦反对，阴错阳差，任了微职。然这时的他，文采灼灼，有皇帝恩宠，也算是风光无限。

正当他苦读书史，厚积薄发，待为天下所用时，其父苏洵去世。苏轼再回眉山，几载光阴踌躇乡野，荡荡情怀无处可寄。

返回朝中，斯人远去，曾经的帝相已换，朝纲亦改，江山换颜。这时的苏轼，与宰相王安石相左，亦难得神宗重用，空有满腔热忱、曼妙文思。

时运不济，岁月难安。他开始接受人世无常的迁徙，虽尝尽风尘，却也风景看遍。时而闲散，时而仓皇，有相逢之喜，亦有离别之悲。

先到杭州任通判，得赏西湖美景。再到密州、徐州任职，而后去了湖州。上任不过三月，因给神宗写了一封《湖州谢表》，遭新党怨恨，从文中挑出许多他们认为隐含讥讽之意的句子，而受诬陷。

苏轼被捕入狱，受牵连者达数十人，这便是北宋著名的"乌台诗

案"。囚于狱中的日子，几多悲感，何等落魄，自不必言说。

待到出狱后，他被贬谪去了黄州，任团练副使之职。这时的东坡，已是身微禄浅，栖于寒枝，无关功名了。

徐州岁月，堪谓苏轼为官之始；而黄州日子，则是他为文的极好光阴。许多名篇，如《赤壁赋》《后赤壁赋》以及《念奴娇·赤壁怀古》等，皆在此写成。

若非位轻人卑，不须案牍之事分心劳神，亦怕无闲时吟咏，更无千古文章。正是几载田园，得以静处，方有了恣意徜徉的文采，明媚不朽的华篇。

世事如梦，几番醒转，仍是惆怅难消。离开黄州，往汝州的路上，由于舟车劳顿，幼子夭折。苏轼强忍悲痛，上书求往常州。在常州待了数月，又到了登州。于登州为官五日后，被召回朝，任中书舍人，后又被提拔为翰林学士知制诰。

这时因哲宗年幼，高太后垂帘听政，罢黜新党，启用旧党，苏东坡方得重用。本该大展才华，年少有为，偏偏一路坎坷，风雨潇潇。同样一个官职，却迟了二十年，才华犹在，斯人已老。

朝堂上的疾风骤雨，怎及深巷里的日光闲静。虽有太后照顾，

人 似 秋 鸿

旧党执政，却因苏轼秉性清高，不偏不倚，故惹权贵不喜，渐成对立，使他在朝中难以立足。然这三年光阴，却是其一生最通达风云之时。

等他除去龙图阁学士之职，离开京城，任职杭州，又开始了一段旅程，多了几许忧念。两年后，被召回朝，任翰林承旨。后再遭外放，来到了颍州。

接下来几番征召、罢免，直到太后去世，哲宗亲政，苏轼再无春风得意时。他被贬去了岭南惠州，那里被称作烟瘴之地，环境恶劣，瘟疫横行。苏轼在惠州待了近三年，又被流放到了儋州。

这时的苏轼，已年逾花甲，一路风尘到了荒僻无比的海南儋州，居无可居，食无可食，他过着苦行僧般的艰辛日子。三年后，哲宗去世，苏轼才离开海南。

远离荒野之地，仍是一路漂泊，不曾停歇。直至次年，其身染重病，与世长别，耗尽一切，亦未能等到苦尽甘来。

人的一生，来去匆匆，如草露电光，尚未挽留，已无踪无迹。转身之时，日色淡薄，天地清安。

苏轼虽一生羁旅飘荡，其心境却始终豁达明澈。无论遭遇什么，

经历多少，皆可如麝如兰，保持品性。

　　人世欠了他许多尊荣，他宽容慈悲，原谅了所有苦难。若低眉于权贵，向命运妥协，或许苏轼的人生会是另一番景象。但他清白一身，简明自持，无有怨恨，亦无悔憾。

　　除了功名路蹇，苏轼的情路，亦是多舛。都言苏子命好，一生得三位红颜相伴，享尽齐人之福，令人羡慕。却不知，花开花谢，几经生离死别，又是何等凄凉无奈。

　　苏轼的第一任妻子王弗，知书达礼，机敏沉静。她在妙年嫁与苏轼，二人伉俪情深，琴瑟和谐。每逢苏轼读书，她皆守在旁侧，于诗文词境，自有别样心肠。

　　苏轼初为官时，因他为人旷达，待人接物多有疏忽。王弗知其品性，故时常立在屏风后面，静听客人言语，辨其优劣，以此规劝苏轼。数载陪伴，实为苏轼贤内助，使他的前半生风平浪静，无多波澜。

　　彼此守着清淡流年，说好了相约白头，不离不舍。王弗却在二十七岁那年，先行而去，魂断香销。苏轼回到眉山，将王弗葬毕，于山上种了三千棵松树，以寄哀思。

人 似 秋 鸿

十年后的某夜，苏轼在梦中遇着王弗，怀着无比悲痛之心，写下了千古第一悼亡词《江城子·乙卯正月二十日夜记梦》："十年生死两茫茫，不思量，自难忘……"

若非无数日夜，魂萦梦牵，若非秋夕春暮，几多惦念，情悲不至于此。然万般恩情，只做烟云一梦。梦醒之后，红袖不再，唯有幽情，还似旧时。

苏轼再娶王闰之，她是王弗的堂妹，比他小十一岁，自幼对他心怀崇拜。王闰之虽不及王弗机敏玲珑，却温柔贤淑，细腻多情，处处依顺苏轼。

她虽不谙诗书，却陪伴苏轼走过了叵测年岁。也许，风雨相随，天涯浪迹，才是世间最深情的语言。

相伴相守二十五年后，王闰之也先去世，留苏轼在人间，相思日夜，悲痛欲绝。苏轼于祭文中写道："旅殡国门，我少实恩。惟有同穴，尚蹈此言。"

苏轼的另一位红颜，是王朝云。朝云原是西湖歌妓，聪颖无比，又能歌善舞，十二岁时被苏轼买回，做了侍女；十八岁时，被纳为侍妾。

朝云是苏轼的红颜知己，被苏轼称为"维摩天女"。她深解其心，知他不合时宜，为他煮饭烧茶，甘苦与共。朝云在侧，苏轼灵感万千，诗思如涌。

世间良缘多是恨，又偏让人陷落其间，缠绵不尽，沉痛无悔。在陪伴苏轼十几载后，朝云也先病逝。苏轼为她写下一首《西江月·梅花》，以留念。于苏轼眼中，她是一株不与梨花同梦的梅花，玉骨冰姿，高情若梦。

苏轼将她葬在松林，筑六如亭以念，并写下楹联"不合时宜，惟有朝云能识我；独弹古调，每逢暮雨倍思卿"。

三位红颜，清洁有情，令其爱惜。王弗似诗，王闰之似茶，王朝云似琴。诗，熏染了年华；茶，温润了岁月；琴，洁净了灵魂。诗中，红袖添香真雅事；茶中，岁月无华且醉人；琴中，高山流水是知音。

她们陪伴苏轼走过几程山水，又各自仓促离去，徒增伤感，不留痕迹。若说，天地无情，浮生若梦，何又赋予世人深情，于生死离别中纠缠折磨？若说天地有情，何不苦怜苍生，留那恩爱俦侣，地久天长，相守相依？

《诗经》云："死生契阔，与子成说。"诺言还在，是谁提前耗费了光阴，于人间漂失。世上情事，本就恍惚难寻，怎经得起几多消磨。

海棠虽好，仍需春风相护，几多情致，终归寂静。斜阳几寸，最是销魂，又让人心生悲感，怅然不安。

那些沉重深邃的历史，亦只是淡泊无声地流淌。他在兵荒马乱的朝代长逝，把盛名留于宋词，纵万物虚幻糊涂，他仍真实端然，人间无双。

世间无双

第二章

千万年的时光，千万人走过，
千万种聚散。
总有一些人，
将寻常的日子过出了新意，
将素净的流年著成了诗章。

世间万物，各有其华，各尽其主。此消彼长，来去得失，皆有定数。历史是一部浩荡的书卷，摆放在岁月辽阔的桌案上，供人观赏。旖旎也沧桑，轻薄也厚重，简单亦繁复。

几千年文化长流，锦绣若这春光下的百花，不肯收敛，无有尽意。先有《诗经》，开一曲风雅。后有楚辞，留一纸兰香。又有汉赋，绘一文壮阔。再到古风乐府、唐诗宋词，诸多文体吐芳弄艳，争竞风流。

唐诗若牡丹，自是华贵，无须遮掩。宋词则如瘦梅，清绝婉丽，更见妙处。唐诗似绵延不绝的青山，旷然奇恣，气象万千。宋词则像江南雨后的草木，烟水迷离，风情百转。

宋词之外的元曲，却是才思渐少，姿态已弱。而之前的楚辞汉赋，则是灵动欠缺。明清小说，止于未胜。

在苏轼之前，宋词于文人眼中，也不过是小情巧景，难以和诗及其他文体同论。虽有柳永之辈，对词风几番更改，让词从市井闲事到雅俗共赏，从小令到慢词长调。词文有了境界，却始终未能超脱词风香软的藩篱。

苏轼高才，他笔下的词，风采飞扬，自成一家。他把世上风光、人生际遇、才华情感，尽数融入词中，让词婉转中见壮阔，使之提升为一种可与唐诗相竞的文体。

宋人王灼《碧鸡漫志》说："东坡先生非心醉于音律者，偶尔作歌，指出向上一路，新天下耳目，弄笔者始知自振。"

苏轼之词，将诗境填入，豪迈奔放。落笔处，挥洒自如，一洗旧词绮罗香泽之态，摆脱绸缪婉转之度。于婉约词之外，树豪放一体。读苏轼词，仿佛登高望远，举首浩歌，超乎俗尘，日月山川与之相宜。

他曾问人:"我词何如柳七?"那人回他:"柳郎中词,只合十七八女郎,执红牙板,歌'杨柳岸、晓风残月'。学士词须关西大汉,铜琵琶,铁绰板,唱'大江东去'。"此话甚是妥帖。

诗词文章,不过是心灵的表达,诗情画意,每个人心中皆有。然因才力高低,故有了巧拙之分。万物生长,有来有往,有强有弱,唯光阴待人,没有偏私。

工于诗者,斗酒百篇;工于画者,挥笔成幅。而会诗善词、书画俱能者,古来不多。苏轼则诗画皆通,潇洒之句,自然之韵,若水流花开,妙不可言。

其词,以诗相入,开豪放之风,他和辛弃疾并称"苏辛"。其诗,取材宽广,任性挥洒,独具一格,他与黄庭坚并称"苏黄"。其文,亦是潇洒清逸,奔腾千里,他为"唐宋八大家"之一。

东坡爱文,一生沉醉其间,朝夕相随,至死未改。他说:"我一生之至乐在执笔为文之时。"人生多少失意忧患,几多寂静清冷,皆因有了文字,而有了情致意味。

他才力有余,任兴笔墨,畅然达意,写悲有声,绘欢有色。将茫茫人间、萧萧红尘,写到山高水远,云淡风轻。

世 间 无 双

于苏轼眼中，文章天成，余韵不绝。他赞赏欧阳修的观点，好的文章，一如美玉金石，自有其价，不因世人评定而改。

对于行文之法，他认为"大略如行云流水，初无定质，但常行于所当行，常止于所不可不止"。泼墨入笔，收止有度。此种文法，无绝世之才，不可驾驭。

才如苏子，取一支笔，可绘出锦绣；凭一砚墨，可点成星辉；借一方纸，可铺成山河。他行文时，临案不必铺稿，著句不必推词，顾盼皆是雅意，出口即生莲花。似瑶琴泛流水，若玉笛出梅花，寄志高雅，玎瑢不绝。

苏轼的才华，绝冠人间，温暖众生，乃仙家之语。他笔墨流淌，不泥不滞，不急不缓，行于可行，止于可止。千年寂寞，亦有几多雅致；岁月沧桑，也有悠悠情意。

当世间的诗家词客，为着秀章锦词，争妙夺彩，心生迁异，苏子则超然其外，不与世比，不与人争。这一切，皆因他才思高绝，妙句不尽，故世无可妒之人，亦无可忌之文。

除却诗词文章，苏轼于书画也臻妙境。其书法作品，汪洋浩荡，为"宋四家"之一。黄庭坚《山谷集》里评道："至于笔圆而韵胜，挟以文章妙天下，忠义贯日月之气，本朝善书，自当推为第一。"他

的《黄州寒食诗帖》被誉为"天下第三行书"，于书法史上添了一笔惊艳。

苏轼还工于画，尤善画墨竹、木、石等。他的画，于尘喧世嚷中，另有一种深稳风流。

他亦有他的信仰，一生平正，心意未改。若说李白是仙，杜甫是儒，王维是佛，那么苏轼则是集三者于一身，过而不迷，经而不拘。

有人说苏子佞佛，离那禅字不远，却未能深得其致。竟不知，世间草木，乃至他的诗花词叶，皆是禅境。

有人说苏子入道，被人称作"坡仙"。他烧丹炼汞，求那长生之药，扁舟草履，放浪山水。

有人说苏子是儒，数十载宦海浮沉，虽无执着，终未远离。然他守着初心，不贪不取，只为天下众生而仕。

世间除了高僧大德，不曾有一个人如他这般干净走过。恍若雁渡寒潭，不留姿影；蜂蝶游花，了然无迹。纵有芳香沾袖，妙句惊人，不过是多情一笑，原非负累。

世 间 无 双

苏子生时，词华百代；苏子亡后，世无文豪。他高洁如兰，于官权之争，从不趋炎附势，阿谀逢迎。他独守心扉，不与俗流同步，故而仕途坎坷，数载飘零，尝尽酸辛，未能善老。

苏辙在给苏轼的墓志铭中这样写道："其于人，见善称之，如恐不及；见不善斥之，如恐不尽；见义勇于敢为，而不顾其害。用此数困于世，然终不以为恨。"

苏轼心思简净，淡然如水，途经红尘，端然不动。历史涛浪，有成败，有清浊，总有那么几个人物，洁如美玉，令人敬佩。

屈原沉骨汨罗江，安守清洁，用香草与楚辞绘出他孤高的灵魂。东晋陶渊明，也是遗世独立，静居南山，不肯为五斗米折腰。他们是苏轼的隔世知音。晚年的苏子，引五柳为知己，并和尽陶诗，存相惜之情。

苏轼眼中的人情物意，皆是好的，人心素淡，万物不争。一如他言："吾上可陪玉皇大帝，下可陪卑院乞儿，眼前见天下无一个不好人。"

他情思高远，非贪利逐贵之徒，非求名取贵之客，故存于世间，别无他求。与世争者，必为世累，无有所取，方至天真。他行事磊落，一如秋水飞云，不沾不惹，张弛有度。他将一生悲欢寄于山河，

洒于草木，荣枯得失全凭天意。

他居于高处，不胜寒凉，故而有"高处不胜寒"之叹。一样的繁华世界，一样的江湖路远，境界越高，觉之越妙。其实，无论你处于何地何境，都不必徜徉激越，春秋不过刹那，万古只是轮回。

苏子即那月中人，俯瞰红尘，乘风归去。他的才学广博浩瀚，他的信仰坚定洒脱，他的品格如兰似麝。亦因了他的清高姿态、旷世才学，惹来庸人妒恨。或许，这世间本无坦途，将累身之物皆放下了，自可恬淡自若。

苏轼于饮食，亦颇有心得，甚为精妙。他曾作《老饕赋》云："盖聚物之夭美，以养吾之老饕。"著名的"东坡四珍"，更是味道独特，流传千古。他还好品茗，时携春芽秋韵，邀约知己，畅游山林。

他疏浚西湖，供饮一城，筑了苏堤，留人胜景。他研习医理，采集药方，加之实践，集成《苏学士方》。

岁月坎坷，乃人生常态，解脱悲欢，则是一种境界。他是智者，看似清醒，却存几许糊涂。他从不在无常世事上消耗心力，只将有限的光阴留给自己。他踏遍河山，坦荡光明，无所惧怕，一往情深。

世 间 无 双

千万年的时光，千万人走过，千万种聚散。总有一些人，将寻常的日子过出了新意，将素净的流年著成了诗章。

人生雨多晴少，苦乐相随，何等无趣，却又要知足。古来帝王将相、达官显贵所经历的，莫不是这样的岁月，与民间百姓无异。

世间也曾纷扰不已，当下寂静无声，似乎从未有故事发生。暮色深霭，炊烟袅庭，曲曲小巷，流传着从前事迹，低低瓦屋，居住过世代先贤。

第三章

巴山蜀水

一山一水一红尘，一物一景一故里。

此生，能与某片土地相亲，

和一剪云水相依，亦是缘分。

无论你漂泊何处，流离几载，

总有一段归思萦绕心头，不能消散。

东坡有句："人似秋鸿来有信，事如春梦了无痕。"他感叹世情如梦，似翠竹清风、梅花疏影，虽妙意悠远，终了无痕。

人的一生，恰如一株花树，开落有时，虽荣犹枯。花木清意，山水润人。有人喜繁华，临街市，闻喧闹，仍存"心远地自偏"之幽情。有人喜僻静，修竹篱，守一树蝉沸，听一帘莺歌，无惊无扰，人世安定。

天地有灵，无论江南塞北，都是风景，皆有情意。自古以来，蜀

巴 山 蜀 水

地即被称为"天府之国"。因其地势险要，沃野千里，被世人视为宝地。李白有诗赞其胜："九天开出一成都，万户千门入画图。草树云山如锦绣，秦川得及此间无？"

此后，蜀地更成了文人墨客、云游之士的向往之地。那里有许多历史久远的名胜佳景，山水秀美，民风朴素。著名的都江堰、峨眉山、青城山，以及杜甫草堂、武侯祠等皆在此处。山川云海，楼阁亭台，蕴藏了千年的阴晴故事，冷暖春秋。

山无水则太枯，水无山则太柔，正是山水相承，分秀色与才客，方可令他落笔生锦，入篇润泽。自古以来，文人才思皆为山水熏染，而蜀地的山秀水灵、遍地锦绣，赋予诗客几许灵思、几多雅趣。

相如携之入赋，青莲倾之入诗，东坡采之入词，文章惊世，流转千古。相如赋，青莲诗，东坡词，皆丽于天地，感动众生。其气势纵横汪洋，又仙气十足，超脱物外。扬雄曾赞相如："长卿赋似不从人间来，其神化所至耶。"

宋仁宗景祐三年（1036年），冬日，一如往常，几场瑞雪，预兆丰年。蜀地的山河，亦在富庶的大宋江山下风调雨顺，人更静好。苏轼则受苍天眷顾，带着前世遗留的才华，来到人间。

苏轼家居眉州眉山，稍有田产，生活富裕，但非仕宦之家。苏轼

祖父名苏序，虽非巨儒，却性格豁达，人品不凡，颇有见识。因其乐善好施，时常接济穷人，为乡人称道。

苏序嗜酒如命，素日邀了亲友，或于树荫下，或临块石，席地而坐，倾杯痛饮。时而畅谈，时而高歌，无所顾忌，其佯狂醉态惹来乡邻村农不解。

古来多少英雄圣贤，风流人物，或为名利所缚，或为情事所扰，难以释怀。也许苏序的许多荒诞之举，于常人眼里，放纵轻浮。然苏轼却说，此般行事，唯有高雅不俗之士，才能会其韵致。

正是苏序的旷达疏落，不拘俗礼，才成就了苏轼不从故步，敢于独辟蹊径的创新之能。生在这样的福地，如此人家，到底知足。

据传因苏序好施，有一异人频受其惠，与他说："吾有二穴，一富一贵，惟君所择。"苏序说："吾欲子孙读书，不愿富。"于是偕往眉山，寻得一处，燃灯于地，有风不灭，从此为苏家福地。得异人相助，自此，苏家才华留世，书香润人。

传说很美，无论真实与否，并不重要。世间之人，几多灵思，无数真理，乃至诗书礼乐的传统艺术，皆从祖辈那儿寻来。因有所取，终成所得，是机缘，皆定数。

巴　山　蜀　水

小院闲庭，虚掩的柴门，桃花夭夭，留下几多现世的美好。青苔爬满的石阶，光影斜过的锁窗，藏着半生未说的秘密。

天下无论怎样动荡不安，百姓堂前都燕子呢喃，翠柳依旧。祖辈的洒脱慷慨，成就了后人的通达敞亮。

都知浮名累身，但红尘纷芜，要守着初心，多么不易。古人有言："由俭入奢易，由奢入俭难。"一个人习惯了盛世奢华，再去勤俭克己，若无出世之心、浩然之态，难以为之。能放下万贯家财、如山富贵，甘于平淡，世上无多。

唐伯虎《桃花庵歌》诗，写道："世人笑我太疯癫，我笑他人看不穿。"世间之人，或笑唐寅迂腐不可教化，不知何为重、何为轻。他却笑世间人，以梦作真，捧着后人之物，自夸自怜。到最后，多少豪杰墓，锄作了农家田，茫茫天地，真是干净。

常言金钱事大，可买山买水，购屋置院，穿锦食珍，香车宝马。却不知，再多金钱，买不来清风明月、锦句词篇，亦买不来知心千古、似水芳年。

更何况，岁月迢迢，人生不过百年，又有多少光阴经得起耗费。世间好物好景令人珍藏爱惜，又何必为了尘忧俗虑而怅然不已，招惹闲愁。

苏轼的父亲苏洵，亦有才学，擅长写文，尤擅政论，笔势明畅雄健，为"唐宋八大家"之一。苏洵年轻时并不好学，直至二十七岁那年，乡试落第，心中羞愧，始发愤读书。

幼年的苏轼，于青陌绿水间缓慢成长。日子悠长深邃，却也简单静好，他与寻常孩童看似无异，又到底不同。眉山秀丽的风景给了他无数灵思，而他之所在，亦让风景有了底蕴。

倚檐下修竹，觉人世清正；看陌上桑榆，知红尘简净。他在繁华中可见清冷，于萧索处闻得喜气。坐于堂前，感受盛世百姓人家的安定；楼台远眺，深知天涯旅客的迷惘。

大宋江山的繁盛和浩荡，于他陌生且遥远。唐诗宋词的明达与清丽，似乎也很疏离。他所见的，是谁家庭院，几树花开，是小窗幽梦，芭蕉夜雨。

苏轼七岁时，曾在一处，遇得一位颇有修为的老尼。她九十多岁高龄，能说孟昶宫中旧事。老尼有深刻的皱纹，不知经历人间多少流离，早已无法辨认她从前的容颜。只在五代的烟雨中，隐约寻到一些残缺的片段。但她的故事，却让苏轼几十载后记忆犹新。

她曾随师父入宫，遇着蜀主与花蕊夫人水畔纳凉，二人作了一首词，她全部记得并背诵给了苏轼。许多年后，其句已不清晰，苏轼唯记得开篇两句，于是填了一首《洞仙歌》。

> 冰肌玉骨，自清凉无汗。水殿风来暗香满。
> 绣帘开、一点明月窥人，人未寝，欹枕钗横鬓乱。
>
> 起来携素手，庭户无声，时见疏星渡河汉。
> 试问夜如何？夜已三更，金波淡、玉绳低转。
> 但屈指、西风几时来，又不道、流年暗中偷换。

其实，她与他之间，所隔的也只是一道浅薄的沧桑。然许多幼年趣事，与他相逢，留下痕迹，使之不能忘怀，更为其日后写文作词开启了无限灵思。

人生多少故事，被岁月掩埋，已无踪影。或伤痛，或欢愉，或酷冷，或柔情，都被流年暗中偷换，成了追忆。

苏轼八岁方才入学，以道士张易简为师。他资质绝佳，天赋异禀，不出数日，便在诸多学童中脱颖而出。

同窗之中，还有一位陈太初，亦常被先生称道。这位同窗旧友后来得过功名，却做了道士，云游求仙去了。

苏轼虽未出家，也曾访道炼汞，文字间仙气十足，逍遥出尘，有

庄子之风。而他的潇洒自然、清静无为，多受恩师张道士的感染。

　　这日，有人从京师来蜀，给其师张易简带了一首石介写的《庆历圣德诗》。苏轼于旁观看，见其中文字，问所颂十一人者何人也？其师回他："童子何用知之？"苏轼却说："此天人也耶，则不敢知；若亦人耳，何为其不可？"

　　他虽幼小，已有不俗之念。除非天人不可知，世间之人为何不可知。若干年后，苏轼做到了，用他的文思和妙笔，旷达之情致，超脱了宋王朝许多文人雅士。他一个人于寂寞楼台，仰观日月，绘写山河，笑傲古今。

　　苏轼十岁这年，其父苏洵赴京赶考，失落而归。苏洵心中惆怅，游历于江淮一带，教子之重任便落在母亲程氏身上。程氏颇识文墨，亲自授书，问古今成败，苏轼皆可对答如流。

　　程氏读东汉史至《范滂传》，愤于其间事，慨然而叹。范滂是东汉名士，为了反抗奸党，招致杀身之祸，年三十余岁。因知自身大罪难逃，与其母告别，说不能奉养终老，深以为愧。其母却深明大义，没有一味伤心，而是劝道：名声和寿命不可兼得，当下存留好名声，自可被后人称颂，亦是死而无憾。

　　苏轼听到此处，问："轼若为滂，夫人亦许之否乎？"程氏回

巴 山 蜀 水

他："汝能为滂，吾顾不能为滂母耶？"程氏是说，苏轼若为范滂，舍生取义，她亦能如滂母一样，成全他。苏轼听闻，奋厉有当世志。程氏见状，欣慰且欢喜。

古往今来，有许多贤母的故事，如"孟母三迁""以荻画地""截发留宾"等，皆为世人称道。那时男子或奔走江湖，四海为家，或拘于书案，一心功名。故子女教养，许多时候，落在了母亲身上。

程氏在苏洵远游时，守护家园，煮饭烧茶，读书教子。她心思简净，晓情知礼，对苏轼未来的前程，以及处事之道，有着深远的影响。

一山一水一红尘，一物一景一故里。此生，能与某片土地相亲，和一剪云水相依，亦是缘分。无论你漂泊何处，流离几载，总有一段归思萦绕心头，不能消散。

人世飘忽，似流云，如萍草，却也有来处，有归途。茫茫世海，山河万千，皆可藏身，亦可埋骨。而你所钟情之地、熟悉之景，无须盟誓，自会天涯守候，矢志不渝。

青神女子

第四章

彼此虽是初见，却宛若久别重逢。知此心有了安放，不必漂浮，亦有了牵挂，不生落寞。

书中光阴短，山间岁月长。其实，时光本无短长，但世人却叹怨光阴流逝太快，不过几度春秋，几场离合，即已白头。

人之韶华，亦如庭间花事，过于匆急。等待里，光阴绵长；相聚中，光阴短暂。忧伤时，长夜漫漫；欢乐时，晨昏一晌。

人事更迭，名利熙攘，恍然一梦。来不及赏花品月，闲游山水，甚至来不及捧读诗书，珍惜平淡岁月，便过了半生。年少时许过的诺言，有过的约定，如亭台的草木，寂静无声。

青 神 女 子

　　苏轼十二岁那年，祖父去世，苏洵方不再游历，归来守孝。几载山水故事，自有许多奇闻妙谈，不忘说与后辈，以增见闻。

　　苏洵说他曾在虔州天竺寺墙壁上，见到一首乐天诗：

> 一山门作两山门，两寺原从一寺分。
> 东涧水流西涧水，南山云起北山云。
> 前台花发后台见，上界钟声下界闻。
> 遥想吾师行道处，天香桂子落纷纷。

　　此诗颇有哲理，亦多趣味，苏轼数十年后记忆犹新。待他日后南行路上，再访旧地，诗已无存，唯有刻石犹在，文字杳然。苏子亦不禁吟咏："四十七年真一梦，天涯流落泪横斜。"

　　世事沧桑多变，而凡尘中人，只能随着命运不断迁徙。春花闲静自开落，秋月无声还圆缺。天地之间，有一种境界，不是古今兴亡，也不是悲凉凄冷，而是婉顺的现世，寻常的日子。

　　这一年，苏轼与玩伴一起，凿地为戏。他挖出一块石头，十分奇异，其形似鱼，表面温润，呈浅绿色，敲打起来铿锵有声。苏洵将此石修饰一番，试作砚台之用，虽容易发墨，却无处储水。

　　苏洵说："是天砚也。有砚之德，而不足于形耳。"他将砚台赠

给苏轼，并说这是"文字之祥"。

不知是预言，还是猜测，后来苏子于文字上，果真是惊骇超脱，名留千古，风华一代。他才思奔涌，汪洋恣意，犹如江淹得了五彩笔，杨雄吞下白凤凰。而他的一生，却是空有其德，不足其形，虽有高才，偏无其位，稍有暂驻，终多漂泊。

苏轼少年时期作品《黠鼠赋》，足见才思。有句曰："人能碎千金之璧，不能无失声于破釜；能搏猛虎，不能无变色于蜂虿；此不一之患也。"

其意为，人能打碎千金之璧，不动声色，却不能在打破一口锅时，悄无声息；能和猛虎搏斗，毫不退缩，却不能面对蜜蜂时，脸不变色。

此时苏轼的文思文理，悉已具备。铿锵之语，那般心意自然。他领会万物先机，深知藏在物后之理，故他许多文章，皆是清奇可观，趣味横生。令人读之大快，如饮一壶早春新茶，品一盏陈年佳酿。

千古文章，起于慧根，而后则是领悟。众生有情，草木皆灵，能一语得其妙者，实属不易。故才高者，虽只几篇数句，文多佳妙，各呈芬芳；才浅者，纵有千篇万卷，文采寻常，不见奇妙，乃灵思不足。

青 神 女 子

数载春秋，日夜转换，苏轼守在眉山，与其弟苏辙共读诗书，以备大考。苏轼于苏辙而言，亦师亦友。彼此相携遨游于书海诗卷，或尽情徜徉于山水，堪谓知己。

苏辙有语，以绘其情："我初从公，赖以有知。抚我则兄，诲我则师。"片纸虽薄，深述其意。而苏轼亦有数篇诗文牵记苏辙，可知其情真意切。

历史上许多传奇话本中，还有苏小妹这个人物。她虽身为女子，却是锦绣心机，才华高绝，不弱其兄苏轼。她平日喜欢与苏轼戏谑，隐义于诗文之中、对联之内。

传言苏小妹嫁与多情才子秦少游，得了良缘，美满幸福。然史书之中，却并无此人。可关于她的风流故事，早被世人认可，并成了美妙传说。她是东坡之妹，少游之妻，她是清风细柳，淡月梅花。

"三更灯火五更鸡，正是男儿读书时。"古人为功名之事，也是煞费苦心，多少人受尽十年寒窗苦，未必遂愿。苏家父子亦是这般，为功名焚膏继晷，忘了流年，所求的不过是在那时王朝乘风追月，坐拥尊荣。

苏轼读史书，也读《庄子》，且甚赞其意。"吾昔有见，口未能言，今见是书，得吾心矣。"庄子乃旷达潇洒之人，文如秋水，意出

尘外。若说人有三生，于万千古人中，寻一个前世的自己，那么苏子的前生，该是陶潜，再之前，则是庄子了。

至和元年（1054年），苏轼十九岁。这时的他，已是学富五车，文采斐然，文章之事，援笔立就。他志向高远，似那冲天之鹏、沉水之鲲，只待来岁大比，即可逢云化龙，游世傲物。

亦是在这年，苏轼与王弗有了美丽的邂逅、温柔的相识。王弗，眉州青神人，幼承庭训，颇通诗书。她十六岁时，听从父母的安排，与苏轼结缘，做了一对尘世里的平凡夫妻。

一个风华正茂，文采潇洒；一个貌美如花，冰肌玉骨。堂前宾客喧沸，廊下人声不绝。洞房花烛夜，她端然温婉，眉间含羞，他喜色笑颜，柔情相看。彼此虽是初见，却宛若久别重逢。知此心有了安放，不必漂浮，亦有了牵挂，不生落寞。

这位青神女子，得诗书滋润，风姿绰约，见识不凡。初嫁苏轼之时，并未言自己识得诗文。后来苏轼读书，她每陪伴在侧，久久不去，方知其颇识文字。宴尔新婚，情似鸳鸯，岁月温润，红袖添香。

世间情爱，唯盼久长，又最难久长。以为有了一段良缘，就可不惧风雨，相伴一生。却不知，多少相约白首，成了劳燕分飞；多少情深意浓，换来一生憔悴离散。到后来，不信誓言，只信厮守，不看开

青 神 女 子

始，只要结局。

家有贤妻，诸事吉利，万般皆好。她所作所为，或烧茶煮饭，或窗下读书，都是有情有义。日光静静，长亭路远，当下的两个人，如梅竹相倚，琴瑟调和。

嘉祐元年（1056年），逢着科考，许多年少夫妻，尚未好好恩爱，便要经受远别。苏轼与王弗，亦躲不过水远山长的相思。他无奈离去，她顾惜流盼，原以为只有相逢让人倾心，却不知送别更让人惊心。

苏洵亦陪同苏轼兄弟二人，一起去了汴京城。他们寄宿僧庙之中，于禅修清凉之所静心研读，以备科考。

苏洵有一友人，名张方平，字安道，号"乐全居士"，与苏洵为知交。他写了信，让苏家父子捎与权贵，以作推荐之用。

若无荐引，茫茫世海，则拜谒无门。纵学识渊博，文章锦绣，也需有个投递处。果然，欧阳修见苏洵文章，很是赏识，向朝廷荐举了他。公卿士族睹其文，争相传诵，苏洵自此文名大盛。

大考之时，苏轼兄弟二人同登进士第，可谓春风得意，桂枝折尽。这一榜中，除了苏轼、苏辙、曾巩三人同列"唐宋八大家"之

外，还有理学家程颢、张载，并考官欧阳修，陪考苏洵。其间共有九位进士，官至宰相，堪谓古来科举第一大榜。

考政论时，苏轼所作《刑赏忠厚之至论》，甚得欧阳修赏识，欲擢其为第一，又疑是自己门生曾巩的文章，为了避嫌，将其置在第二。却不知，此文乃是巴蜀才子所作。《春秋》对义，苏轼居在第一。殿试则中乙科。

苏轼《刑赏忠厚之至论》里，有句曰："当尧之时，皋陶为士，将杀人，皋陶曰'杀之'三，尧曰'宥之'三。"梅尧臣阅卷时读到此句，虽未曾见过，又怕古籍之中或有其语，若轻问于人，恐惹人笑话，故留了心。后来，他方从苏轼口中，得知乃其杜撰。苏轼言道："帝尧之圣德，此言亦意料中事耳。"

正是苏轼不拘一格的思想，将陈规旧俗，重赋新意。欧阳修读其文，无比欣喜，对其文采，深为折服。他对梅尧臣说："吾当避此人出一头地。"

文章自古无凭据，唯愿朱衣一点头。欧阳修的认可，让苏轼名震京师。后苏轼每有文出，即瞬间传遍帝都。从凡家百姓至公卿圣上，皆以读其诗文为乐事。

人世的风华，胜者的欢悦，于他原来如此轻易可取。多少人穷尽

青 神 女 子

一生，亦不能换来半纸名贵，一缕荣光。

但命运待人本就无私，任人各自沉浮，不曾偏爱于谁，亦不曾相负于谁。在他风云初起时，传来其母程氏病逝的消息。苏轼之名，恰如宋王朝的一阵清风，来不及留驻，便匆匆消散。

他这一生，总在许多转折处遭逢意外，使之不能通达，亦难以顺畅。亦是这种种无理的安排，却又阴差阳错地磨砺了他，方有了后来诸多惊世之作。

岁月的江流奔腾不息，有旷远之势，自古英雄王者无不为江山而心动。那时父子三人，只好放下这里的一切。功名文章、声誉地位，因为他们的离去而被寂寞搁浅。

策马扬尘，风餐露宿，赶往巴蜀之地。天地往来，人世飘忽，聚散本就无常，多少灾劫患难总难预测。只作人世必经的故事，自当顺时听天，随缘喜乐。

漫漫行途

世人汲汲奔走，赶赴下一场风景，

只是路的尽头，又在何处？

到最后，才知道所经之路皆是来途。

世间大悲，莫过于失去至亲至爱，但生老病死一如日月更替那般寻常，无一人可幸免。生命贵重，无论贫富，不管圆缺，都当珍惜。

待苏轼父子三人回到眉山，程氏早已亡故。程氏一生，知书达理，相夫教子，温柔贤良。苏轼兄弟二人承蒙她一心教诲，名留千古。如此辛苦一场，熬到今日，来不及安享余年，便溘然长逝，亦是可悲。

苏洵为妻写下祭文，其间有句："有蟠其丘，惟子之坟。凿为二

漫 漫 行 途

室，期与子同。"读到此句，不觉伤感。人如秋叶飘零，落地无根，从前所经历的繁华与沧桑，到最后，只是一片苍茫。

人之出生，来自何地？人死之后，归于何方？都道三生石畔是灵魂的故里，但三生石又在何处，如何寻得？也许，唯有人世红尘是真实的，那我们又何以忍心轻易去耗费一寸光阴。

母亲离世，东坡自是心痛难说，但是有一种重逢的喜悦可以抵消死别的凄苦。王弗的温柔相依、深情陪伴，足以令他消解世间百愁千苦。她安静婉顺，一如庭院的白茶，默默将之守候。

居家丁忧的这段时光，苏轼与王弗或陌上游春，登山揽云，或读书煮茗，临溪对月。她正值妙龄佳年，千娇百媚，而他意气风发，俊逸翩翩。

日子清闲，重复着简单的姿态，却始终保留着新意。若可，他愿与王弗隐于这巴蜀之地，自此于名利中解脱。但世事如梦亦如真，他功名寄身，仕途之路千里迢遥，怎可半途而弃。

古来多少英雄豪杰、高士雅客，倦了世俗，而甘于归隐南山。他们的隐，是对时势的失望，对权谋的避让。可这时的苏轼，功贵已定，文名犹在，只待凌云，横绝四海。

嘉祐四年（1059年），苏家父子三人携了家眷，一同入京。巴山蜀水依旧，可此处的细致风流抵不过汴京的繁华。天下世间，唯京都豁达明亮，那里闾巷人家皆是祥瑞。

这时的他们，已无功课之累，亦无争夺功名之苦。来日抵达汴京，拜过圣上，领了官职，自此仕途坦荡，清风万里。

于是一行人择水路启程，沿途可赏景赋诗，亦可斗酒欢愉。人世的恩情，莫过于和喜爱之人携手天涯，无谓风尘，不惧惊涛。

他们在嘉州上船，沿着长江缓缓行去，而三峡则是必经之地。三峡之险自古闻名，惊险之处始于瞿塘。

因水中巨石若干，或出于水面，或沉于水中，故行船十分危险。其时逢冬季，水面甚低，岩石耸立，被称为"滟滪堆"。

郦道元《水经注》记载："白帝城西有孤石，冬出二十余丈，夏即没，秋时方出。谚云：'滟滪大如象，瞿塘不可上；滟滪大如马，瞿塘不可下。'峡人以此为水候。"

苏轼在圣母泉祈福后，起身渡峡。见其险峻气势，写了一首《入峡》，以记其事。"入峡初无路，连山忽似龛。萦纡收浩渺，蹙缩作渊潭。风过如呼吸，云生似吐含。坠崖鸣窣窣，垂蔓绿毵毵。冷翠多崖竹，孤生有石楠。飞泉飘乱雪，怪石走惊骖。"

读诗观文，虽未亲临，亦可会其险状。此诗最后一句"尽解林泉好，多为富贵酣。试看飞鸟乐，高遁此心甘"，道尽人世常情，透彻清醒，可见苏子深邃笔力，旷达襟怀。

都知隐于林泉，高蹈尘外，方是洒脱。然世人却多沉迷于富贵，执着于虚名，不得解脱。唯有天上飞鸟回返山林，心甘情愿，且自得其乐。此处将其高逸之情、明达之心，写到极致。苏子即那飞鸟，浮云过眼，亦是花影之蝶，叶不沾身。

他不似李白的"人生得意须尽欢，莫使金樽空对月"。他不因悲喜而更改，亦不为富贵而转移。他奔走仕途，铁骨铮铮，为民请命。他脱下官服，一棹江海，两袖清风。

经过巫峡，惊险之余，亦赏巫山诸峰，留下绝美诗篇。苏轼对那神女峰注目许久，心生钦慕，不落情缘。有诗吟："遥观神女石，绰约诚有以。俯首见斜鬟，拖霞弄修帔。人心随物变，远觉含深意。"

王弗便是那神女，明眸皓齿，虽落百姓人家，却不染俗尘，冰洁美好。一路上，苏轼有王弗做伴，为其煮茶研墨，对之笑语欢颜；苏辙则与他即兴饮酒，诗词相和，共论风雅，抒写河山。

相同之景，于不同诗人眼中，则各有境界。一花一木，百人百景，千人千态。苏辙之句，静如孤云，工整之余，才情收敛。而苏轼之句，则动如飞鸟，气势盛大，豪情奔放。

文如其人，诗言其心。苏轼率真豁达，几许狂放；苏辙则是沉默寡言，性格内敛。苏辙能文会诗，诗词上，才力比苏轼稍弱，但其散文作品，精彩绝伦，妙不可言。

苏轼称其散文："汪洋澹泊，有一唱三叹之声，而其秀杰之气，终不可没。"苏轼游成都时，曾在《送美叔诗》中写道："我生二十无朋俦，当时四海一子由。"

过瞿塘峡、巫峡，一路行来，途经许多危处，皆有惊无险。抵达江陵，方弃船登岸，宿驿馆。苏轼将途中三人所写诗作，编成《南行前集》，并为之写序。之后，又吟咏许多诗，与前集一处，编作《南行集》。

人之一生，是在不停地失去中，有了所求。有人执着于名利，有人所求的则只是心灵的归依。富贵功名，离合起落，不过一场云烟，稍纵即逝。而如锦诗篇，佳文妙句，却能怡人心目，经久不散。故千百年来，文人词客纵流落江湖，亦不荒笔，身在朝堂，也不忘文。

几月光景，因为有情，只觉漫长，恰又短暂。一水一山，一物一景，都在苏子一生中，留下深远记忆。世人汲汲奔走，赶赴下一场风景，只是路的尽头，又在何处？到最后，才知道所经之路皆是来途。

年少所贪慕的繁华，思虑的功贵，以及渴盼的情爱，实则抵不过岁月的烟雨。世事所历越多，内心则越清醒，亦更干净。奈何枯木可逢春，人无再少年，在最好的时光，和万物相望相知，是慈悲，也是幸运。

苏轼一家于次年二月抵达汴京，寻一雅致之所住了下来。宋朝的都城堪称天下之最，天街御路，金翠罗琦，柳陌花衢，茶坊酒肆，掩不住的盛世光华。

寻常院落，朴素人家，因在京都，也觉华丽深藏。他们的居所，自有燕舞莺歌，柳翠花红，更有诗书墨香，茗茶悠悠。苏家父子安住下来，只待朝廷任命，即可各奔前程。

这年苏轼被任命为河南府福昌县主簿，但因诸多缘由，并未赴任。之后，他留守汴京，精心准备制科考试。

制科考试，又称制举，在宋代被称为"大科"，是求取贤才的重要方式。参加制科之人，皆要经权贵名臣推荐，方有此机遇。其间不乏各榜进士，以及当朝才子。

此次苏轼参加制科考试，乃欧阳修推荐，其理由是"才识兼茂"。苏轼呈上数篇策论文章，如流笔墨，文义粲然，篇篇绝妙，深得权贵器重。

制科考试分一至五等，一二等原是虚设，故第三等即最优。整个宋朝几百年，能入三等者，一共四人。苏轼则是其一，且两次制科，皆入了三等，为"百年第一"。

苏子之名，如洛阳的花、梁园的月，被人追捧且赏慕。冠盖满京华，他却最是风流潇洒。虽尚无高官厚禄，但比之更风光无际。

在苏轼写的《留侯论》里，他认为古之豪杰，必有过人之处。寻常人不够隐忍，遇着受辱，往往是拔剑而起，愤慨而斗。而豪杰之士，面对屈辱，却能不惊不怒，皆因志向远大之故。

那个授书张良的圯上老人，并非鬼神之辈，实乃隐世高人。他的出现，亦不是单为兵书，而是让张良学会忍耐，襟怀宽敞，终成大事。

以至刘项之争，胜败在于"能忍与不能忍之间"。刘邦能忍，得了天下，张良功不可没。项羽不能忍，轻用其锋，虽百战百胜，终至兵败垓下，自刎乌江。

漫 漫 行 途

　　杨慎评论苏轼文章："东坡文如长江大河，一泻千里，至其浑浩流转，曲折变化之妙，则无复可以名状，而尤长于陈述叙事。留侯一论，其立论超卓如此。"

　　苏轼文章观点明确，视角独特，纵横恣意，境界深远。他才思如涌，无有歇止，读来几多快意，几许旷达，令人愉悦，更为释怀。

　　一代文豪，自是不落俗流，亦不惧无常。这时的他，意气风发，不历沧桑，不经兴废，只待走马红尘，洒然春风，月明千里。

第六章

飞鸿踏雪

人世间所有转山转水的奔走，
无非是为了遇见——遇见风景，
遇见心中所求。

为此，每个人在不断地得到中失去，

这是因果，亦是代价。

尘世最美的，为春日花，盛世景，少年心，佳人梦。百代光阴，迁徙游走，或闲静，或喧哗，有欢喜，也有悲意，但因有了诸多情节，世事方真实可依。

人之一生，不问长短，走过则好。岁月流去无情，有时含蓄矜持，有时洒脱决绝。同样的春花秋月，冷暖阴晴，却各有际遇，各有缘法。任你王侯将相、英雄美人，纵横天地，不过荒草废墟。所求的，亦只是风日静好，岁月清安。

飞 鸿 踏 雪

　　1060年冬天，苏家父子三人，皆得官职，当是圆满。苏洵虽未参加考试，但因他文章之名，得权贵推荐，被任命为校书郎。苏轼授大理评事，出任凤翔府判官。苏辙则任商州军事通官，念父亲苏洵一人在京，年老岁衰，辞谢不就。

　　自此，父子三人文名日盛，与当朝权贵、诗客名流应酬来往，前程若锦。人世纷纷，说悲说喜，有荣有枯，当下的繁盛烂漫，又怎可轻易割弃。

　　那是一场雪后，万木凌霜，天地净白。多少江山更迭，炎凉恩怨，唯有此时，不再争执，只作虚无。

　　苏轼携了家眷，离京赴任。千里之行，幸有红粉相伴，抵消些许离苦。杯盏中，盛着离别之酒；行囊里，收着唱和之诗。这亦是他与苏辙第一次相别，汴京城外，依依难舍。

　　苏辙相送了一程又一程，终执手作别。苏轼望着他远远行去、乍隐又现的背影，感慨万千，写下《辛丑十一月十九日既与子由别于郑州西门之外，马上赋诗一篇寄之》，以述其情。

　　　　不饮胡为醉兀兀，此心已逐归鞍发。
　　　　归人犹自念庭帏，今我何以慰寂寞。
　　　　登高回首坡垅隔，但见乌帽出复没。

苦寒念尔衣裘薄，独骑瘦马踏残月。

路人行歌居人乐，童仆怪我苦凄恻。

亦知人生要有别，但恐岁月去飘忽。

寒灯相对记畴昔，夜雨何时听萧瑟？

君知此意不可忘，慎勿苦爱高官职。

二人手足情深，非比一般，自幼同窗共读，寒灯相对，又志趣相投。正如《宋史·苏辙传》所说："患难之中，友爱弥笃，无少怨尤，近古罕见。"

自古离别多情伤，夫妻之别，亲友之别，皆一样刻骨铭心，令人感忧。古人送别之句，多有万千。伤离之情，一样深浓，又各得其味。

李白有句"桃花潭水深千尺，不及汪伦送我情"，柳永则是"执手相看泪眼，竟无语凝噎"，欧阳修感叹"人生自是有情痴，此恨不关风与月"。

苏轼与弟相别，亦是满怀悲情，心中寥落。回念当年远行途中，二人读韦应物诗"安知风雨夜，复此对床眠"，内心触动，相约官场早退，围篱结圃，静享闲居之乐。

多少事，不过只是愿想，一入宦海，再难退步。人世间所有转山转水的奔走，无非是为了遇见——遇见风景，遇见心中所求。为此，

飞　鸿　踏　雪

每个人在不断地得到中失去，这是因果，亦是代价。

　　苏辙回京后，对苏轼很是想念，数尽更漏，为盼消息。想他今番西行必经渑池，当年兄弟二人赴京，曾宿于此间僧舍，并于壁上题诗，遂写诗寄之。

怀渑池寄子瞻兄

相携话别郑原上，共道长途怕雪泥。

归骑还寻大梁陌，行人已度古崤西。

曾为县吏民知否？旧宿僧房壁共题。

遥想独游佳味少，无方骓马但鸣嘶。

　　次日，他托人骑马将诗送去，一问平安。苏轼虽有忧思，但有王弗相随，夫妻情深，亦不觉寂寞。一路上赏景折梅，烹雪煮茶，不急不缓，很是闲逸。

　　那日恰到渑池，苏轼对着旧物感慨，随后收到苏辙遣人相赠的诗，更是百感交集。当即和诗一首，让人捎回，以寄情意。

和子由渑池怀旧

人生到处知何似？应似飞鸿踏雪泥。

泥上偶然留指爪，鸿飞那复计东西？

老僧已死成新塔，坏壁无由见旧题。

往日崎岖还记否？路长人困蹇驴嘶。

漫漫行途，不问前程。人生到处，好似飞鸿踏于雪上，虽是偶然，又身不由己。然当它振翅而飞，奔赴远方，过往的留驻已缥缈成空，不可寻见。僧舍墙壁上的题诗荡然无存，当年的老僧也已涅槃。唯记从前的艰辛，路远人倦，驴嘶阵阵。

前路茫茫，蜿蜒崎岖，总有人将严寒踏破，行去无边。此番出走是苏轼初次任职，于官场上他毫无心得，犹不知个中滋味。但他风华正茂，才情横溢，他深信，来日定能身居高位，一展才学，为世所容。

苏轼满怀盼愿，背着书囊，携妻而行，走过大宋风烟，走过岁月山河。沿途的名胜古迹，令其文思如流。他乘风候月，忘于晨昏，对那弥望琼白、漫林雪松，时吟时唱。

毕竟，仕途的开始，于他意义非凡。远方的山水不可预知，几千年来，世人都一样地走过。凤翔位于今陕西省西部，路远地偏，行途中踏雪凌霜，时近月余方至。

苏轼到任后，与上司相处融洽，又因判官之职并不繁重，故闲余时光趁公务之便，游山玩水，深感快哉。

一程山水，一种情怀；一阕风景，一段生平。万物有情，但所有的遇见，皆是过客。那么多的花草树木、亭台楼阁，乃至穿堂的燕子、拂枝的莺鹂，邂逅过，终究被岁月给遗忘了。

"山不在高，有仙则名；水不在深，有龙则灵。"其实，山水本相同，因雅士登临，便多了诗情画意。有了笔墨修饰，文辞晕染，亦增添旖旎风采。

苏轼是游于四海的仙客、行走人间的才子，他所到之处，山有清姿，水生柔骨。凤翔的山水，有了他的游历而变得丰润无比、毓秀超凡。

苏轼上任之初，时值凤翔大旱。自当年九月开始，数月不雨，以致"农民拱手，以待饥馑，粒食将绝，盗贼且兴"。

因他初入官场，不曾历练，面对旱灾苦无良策。无奈之余，他前往太白山神庙祈雨，为民请命，并写下祝文。

太白山是秦岭山脉的主峰，高俊巍峨，风景秀雅，怪石遍布。这里水源丰富，山上高地有湖泊数处，被誉为"太白天池"。许是因了这些湖泊，苏轼认为有润泽之气，可施雨水。

凤翔太白山祈雨祝文

维西方挺特英伟之气，结而为此山。惟山之阴威润泽之气，又聚而为湫潭。瓶罂罐勺，可以雨天下，而况于一方乎？

乃者自冬徂春，雨雪不至。西民之所恃以为生者，麦禾而已。今旬不雨，即为凶岁。民食不继，盗贼且起。岂惟守土之臣所任以为忧？亦非神之所当安坐而熟视也。圣天子在上，凡所以怀柔之礼，莫不备至。下至于愚夫小民，奔走畏事者，亦岂有他哉？凡皆以为今日也。神其盍亦鉴之？上以无负圣天子之意，下以无失愚夫小民之望。尚飨！

苏轼怀天下之思，此番依赖鬼神，虽是迷信，却发心为民。鬼神本为虚物，信则有，不信则无。苏子书写祈文，实乃他心系苍生，愿用其真诚感动天地。

或许是苏轼虔诚，又或许是天时巧合，到了三月间，各地开始陆续下雨。虽有落雨，仍未解民难。

之后几经波折，接连下了三天大雨，关中旱情才得以缓解。"久旱逢甘露"本即人生至乐，亦如"他乡遇故知"，那种愉悦，深重醇厚。大雨过后，草木温润，百姓相庆，满城欢喜。

"一雨三日，繄谁之力？民曰太守，太守不有。归之天子，天子曰不。归之造物，造物不自以为功；归之太空，太空冥冥，不可得而名。吾以名吾亭。"

大雨如倾，酣畅淋漓，护佑万物，消了民难。不知这是谁的功

飞　鸿　踏　雪

劳？百姓说是太守，太守说非也；把功劳归之天子，天子不任；归于
造物，造物也不贪功；归于太空，太空虚无缥缈，无所凭借，不能命
名。故东坡以名其亭，"亭以雨名，志喜也"。

那年苏轼还筑了一处庭院，作为官舍，亦为他素日读书品茗之
处。院子虽不甚宽阔，却移来花树，修了亭池，倒也雅致。

"忧者以乐，病者以愈，而吾亭适成。"春雨如约而至，苏轼的
小园恰好建成，恰如天意。他心中喜悦，故将亭子命为"喜雨亭"。

其实，再平淡的风景，再寻常的亭台，因苏子妙笔，亦有了神
韵，得其境界。那座千年前的古拙小亭，经尘世风雨，朝代更改，早
已湮灭无痕。

它是否真实存在过，又庇护了多少苍生，不得而知。只是后世之
人偶然想起的时候，心底竟掠过一丝温柔，以及久远历史带来的些许
苍茫和痛楚。

有了自己的庭院，往后的闲暇时光，亦有妥善的寄处。或静坐亭
台，赏一场久违的花事；或凭栏远眺，看莺燕穿堂嬉戏。

漫长如水的日子，看不到尽头，时觉空无，时觉寂寥。但有诗书
做伴，更有贤妻稚子相陪左右，自可心安。

第七章

凌虚台记

生世各有时，相逢总关缘，

岁月千载，人生寂寞，

又有几人可视作知心，相依相守？

人间四月，万物皆喜，陌上行人如织，来来往往自有归处。花事烂漫，开谢无主，这样的好日子，仍有聚散爱恨。若心存大爱，便无意凋年残景，不管兴废荣枯。

那时的苏轼，在他的凤翔守着一寸天地、一座闲庭，品茗饮酒，赏月观荷。诗书里流年悄过，不觉到了夏日，炎炎暑气，落在翠柳之间、紫薇梢头。

几竿修竹，很是清简，一院花事，更见风流。人处盛名，不可起

凌 虚 台 记

贪念，无论置身何等境地，皆要怀淡泊之心。京城的繁华与贵气，时在梦里可见，当下，他有的则是眼前的风景。

喜雨亭还在，犹如当初，有细雨情致，也有风日闲静。盛夏的凤翔，仍有繁花如簇，翠意无边。苏轼于此处任职一年有余，深得百姓拥戴。

苏轼爱世间风物，素日读书写文，亦勤于政事。他心系百姓，体察民情，常有奏议文章，多次上书。初上任，他的《凤翔到任谢执政启》中有言："编木筏竹，东下河、渭；飞刍挽粟，西赴边陲。大河有每岁之防，贩务有不蠲之课。破荡民业，忽如春冰。"

文中写出了旧制弊端。后又有各种政论奏议文章，如《思治论》等，尽显其体察之细、心怀民众。

次年，宋太守调离凤翔，新太守姓陈，名希亮，字公弼，为苏轼同乡。陈太守为人严厉，疾恶如仇，大公无私。他在治处时常整肃风气，严惩贪官污吏，正义凛然。

《宋史》称他"为政严而不残，不愧为清官良吏"。苏东坡亦说他："平生不假人以色，自王公贵人皆严惮之。见义勇发，不计祸福，必极其志而后已。"

陈太守上任之初，有吏员称苏轼为"苏贤良"，他听后大怒，误解苏轼为轻薄无礼之辈。那时的苏轼，年轻气盛，才华傲世，对于这位初来乍到的太守的几番为难，自也十分气恼。

苏轼每有奏文写出，陈太守喜擅自改动，不问因由。时或遇事来寻他，他故作迟迟，不肯接见。苏轼本是性情中人，磊落坦荡，见他这般傲慢无礼，亦不屈就。或有争论，二人互不相让，时常闹得不欢而散。

陈太守只是思想陈旧，有些古板，而苏轼性情明烈，过于刚强。彼此相处了一些时日，惊觉往昔多是误会，后情谊渐长。太守始知东坡才高，品格清正，又不肯轻易妥协。

这时陈太守建了一处高台，谓之"凌虚台"，倩苏轼写文，以作留念。苏轼挥笔为文，写下一篇《凌虚台记》。其才情飞扬，善于文中寄志，或赞誉，或感慨，或讽刺，或怒骂。

凤翔时期，苏轼所写《喜雨亭记》是赞誉文章，而《凌虚台记》却是讽刺文笔。无论是赞赏或讥讽，皆是苏子的可爱之处。明月清风间，书写翠竹的落落风采；灯影桌案下，藏着文人的端然姿态。

《诗经·卫风·淇奥》有句："善戏谑兮，不为虐兮。"他即那位"如切如磋，如琢如磨"的君子。他的文采、品格及气度，一如那猗猗绿竹，百世流芳，传唱千年。

"然而数世之后，欲求其仿佛，而破瓦颓垣无复存者，既已化为禾黍荆丘墟陇亩矣，而况于此台欤！夫台犹不足恃以长久，而况于人事之得丧，忽往而忽来者欤？而或者欲以夸世而自足，则过矣。盖世有足恃者，而不在乎台之存亡也。"

太守初筑高台，本为乐事，换寻常人落笔，必是千秋万代，皆为志趣高雅之语。然苏轼却写它不足倚靠，终有颓塌之日，一如人世得失，瞬息万变。更不要觉得筑了高台，即可夸耀于世，人间虽有可倚恃之物，却与这高台无关。

他所道的乃是人世常理，花开有情，月落有悲。曾有过聚时之喜悦，亦当承受散时之冷清。世事变幻无端，历史上多少兴废成毁，如日月交替无穷无尽。

几多华丽宫殿，壮观宏伟，兴盛一时，风雨不可动摇，却到底经不起岁月的敲打。到如今，断垣残壁都无处寻找，更何况这样一座高台。阳光底下，万物生灵皆渺小若尘，时间来去匆匆，又有什么可以亘古不改？

他以悲赋喜，以伤绘乐，含讽于咏，寄谴于文。太守见文，虽知其意，并未责怪他，令人原样刻在石上。苏轼亦是有襟怀之人，见其

如此大度，便生宽容之心。

多年后陈太守去世，苏轼为他写了一篇墓志铭，实为尊重之意。人生有缘，自该珍惜，况文人相交，更当超越凡俗，怎能费心纠缠恩怨是非。

在这期间，苏轼还交识了太守四子陈慥。陈慥，字季常，自号龙丘先生，他后来成了苏轼一生的好友。陈慥嗜酒好剑，淡漠钱财，颇具豪侠之气。常与苏轼论兵及古今成败，宴请宾客。晚年抛开富贵，庵居蔬食，往来山中，不与世闻。

陈慥有一首《无愁可解》流传于世，我甚喜欢。简短词句，可见他散淡之心、超然之情。读罢，让人脱了尘俗，无愁无苦。

光景百年，看便一世。生来不识愁味。问愁何处来，更开解个甚底。万事从来风过耳，何用不著心里。你唤做、展却眉头，便是达者、也则恐未。　此理本不通言，何曾道，欢游胜如名利。道即浑是错，不道如何即是。这里元无我与你，甚唤做、物情之外，若须待、醉了方开解时，问无酒、怎生醉。

真隐士，自淡泊，禅境虽妙，又有几人可彻悟。从古至今，众生所执的，无不是名利、情爱、生死。深知万般得失皆付尘烟，仍困惑迷惘，难以放下。

凌 虚 台 记

在凤翔，苏轼更多的是醉心遨游山水，钟情花木。白日，行走名胜古迹，诗心流淌；静夜，研墨提笔，更有红袖添香。凤翔三年，苏轼和苏辙寄诗相和，数以百计。

其诗情奔放，舒卷自如，自然之韵，句法天成。他潇洒之笔，无须雕琢，关中山水于纸上流淌，凡木俗花亦有妙意难言。

其中有《王维吴道子画》一诗，为苏轼在普门与开元二寺游赏时，于墙壁上见着二人所绘佛画，乘兴所写。诗中有句："吴生虽妙绝，犹以画工论。摩诘得之于象外，有如仙翩谢笼樊。"

苏轼认为，吴道子画虽妙绝，其画趣却限于图画内。看山是山，看水是水。山虽锦绣，不离林石，水虽静澈，不离鱼荷。而王维，其画之趣味，则在画外。看山不是山，看水不是水。山上微云浮动，水中春意似生，幽心寄在笔外，衷意不入画幅。

苏轼为王维画作题跋，他的《书摩诘〈蓝田烟雨图〉》写道："味摩诘之诗，诗中有画；观摩诘之画，画中有诗。诗曰：'蓝溪白石出，玉川红叶稀。山路元无雨，空翠湿人衣。'此摩诘之诗。或曰：'非也，好事者以补摩诘之遗。'"

王维诗画之妙处，在二者相融，诗中有画，画中有诗。其诗悠然闲远，画则精深高妙，而王维被称作"文人画"之祖，苏轼居功

至伟。

苏轼在《又跋汉杰画山二首》中说："观士人画，如阅天下马，取其意气所到。乃若画工，往往只取鞭策、皮毛、槽枥、刍秣，无一点俊发，看数尺许便卷。"他认为，绘画作品若不寄托情感，则无灵魂；画再工整，亦缺失情趣，不可玩味。唯有将诗思情意融于画中，方是妙品。

世间知音可穿越朝代，晋人也好，唐人也罢，或是宋人，无须相见对盏，便能懂其诗境，知其心意。生世各有时，相逢总关缘，岁月千载，人生寂寞，又有几人可视作知心，相依相守？

山水不言，诗书有信。古来多少风流人物、高才豪逸之人，亦只是如一阵清风、一抹流云，行去匆匆。

那年的苏轼，于书案上执笔洒墨，不知与谁唱和诗词。炉上的茶还有温度，瓶中花枝风姿摇曳，不谢不凋。王弗尚在，她温柔端详，莞尔一笑，醉了千年。

春阳潋滟，千金难买。说好了珍惜光阴，心思简净，无求无争，但世事渺茫，物换星移，为何总叫人这样不安？

第八章

生死茫茫

十年生死，再相逢，
怕是容颜已改，彼此不识。
梦里的红颜，于轩窗下梳妆画眉，
几多妩媚，几多风韵。
今番相对，心痛无言，唯泪千行。

和有情人在一起，日日吉祥，事事皆好，不用说盟说誓，心中自觉温暖明净。若可以，我愿用所有的修行，换一世的平淡相守。春花秋月，当为乐事，世事喧繁，不乱我心。

那时，他初入官场，若不经风雨的兰花，心在深山，身寄红尘，不惹凡愁旧怨。小小馆舍间，陪伴他的，除了花月诗思、酒杯茶盏，还有贤妻王弗、稚子苏迈。

王弗贤良婉静，聪慧博学，为世间不可多见的美好女子。她陪伴

苏轼青春数载，同享繁华，共度霜雪。苏轼和王弗的相识，有一个传说——"唤鱼联姻"。

当年苏轼求学王方门下，品学兼优，气宇轩昂。这日游春，王方欲借给鱼池取名之机，择一佳婿。众学子各抒己意，苏轼取为"唤鱼"。这时王弗取了池名，写在宣纸上，让丫鬟送来，也是"唤鱼"二字。王方看二人同取一名，韵成双璧，又欣赏苏轼才华，便将女儿许配于他。

时光久远，故事的真假无迹可寻，但不可否认，他们郎才女貌，伉俪情深。

当年苏轼寒窗，心寄诗书，不入世俗，故与同窗相交，可谈天说地，畅所欲言。今任通判之职，官中之事，却须顾忌隐忍；所处人物，亦是形色众生。其间自有巧言令色、狗苟蝇营，有明争暗斗、口蜜腹剑。

苏轼乃磊落豁达之人，且秉性善良，于他眼中，世人无多差别，皆是好的。故与同僚交往时，不设心机，坦荡相对。每有客来，茶酒相待，与其无所不谈，毫无顾忌。

王弗知他爽朗之性，不知掩隐。为避免招来祸害，故常躲在屏风后屏息静听，为其筹谋。她心思细腻巧妙，可通过来者言语，知晓善

生 死 茫 茫

恶，洞悉冷暖。或可亲近深交，或要避之疏远，皆一一相告。有王弗
这般费心帮衬，苏轼受益颇多，避去许多无端的风雨。

得此红颜，苏轼多年来前程顺达，遇事不惊。她是宋词里的女
子，若幽谷芝兰，典雅含蓄，秀丽婉约。王弗虽为旧式女子，却陪伴
苏轼天涯游走，有着不同俗流的胸怀与气质。

这年冬日，苏轼在凤翔为官的任期已到，自不再过问政事。待
几场雪后，心事了却，便离开凤翔。三年时光虽不久长，这片土地却
记住了他的风华正茂、如兰品性。苏轼亦不忘此地的风物人情、良朋
佳友。

整理好山水行囊、诗笺墨迹，携了妻子，举家回京。背影留在古
道，车马走过红尘，自此相别，不知此生再临何日，重聚何时。

苏轼的朋友中，有一位叫董传。他虽生活困窘，衣食简朴，但满
腹经纶，丰神俊朗。在苏轼离开凤翔路过长安时，二人重聚。临别之
际，苏轼给他留有诗句，赞其才学。

粗缯大布裹生涯，腹有诗书气自华。厌伴老儒烹瓠叶，强随
举子踏槐花。
囊空不办寻春马，眼乱行看择婿车。得意犹堪夸世俗，诏黄
新湿字如鸦。

置身世间，便要不断接受命定的迁徙漂泊，故而有太多的聚散分合。许多旧识友人，从亲至疏，渐行渐远，到最后，不明下落。有些偶遇，因志趣相投，成了知己，但这缘分，也未必可以维系一生。

能在红尘相遇，携手一段岁月，看几度月圆，便是幸运。宛如浮萍在水，有过简短的邂逅，却又别去，彼此天涯，不复相见。

最怕多情，更怕情深。与其走进别人的世界，看一段不一样的风景，莫如掩上心门，煮茶赏花，做个清淡之人。任窗外花飞月落，细雨长秋，独守心中的梅林，安静到老。

苏轼回到香车宝马、繁华如旧的京城，这里不是他的故里，也不是他的归宿。今时虽天子已换，世态更改，但终无妨碍。朝中犹是贤才掌政，天下亦算清宁无恙。况父亲健在，兄弟重逢，正当春风温润，物好时丰。

英宗任藩王时，已闻苏轼才名，今番得势，有心提拔，欲授他翰林制诰之职。宰相韩琦却执意反对，言苏轼经历有限，欠缺稳重，难以服众，不宜居此高位。

韩琦虽是为国谋划，历练良才以备将来大用，但他的无心之举，却阻断了苏轼仕途晋升之路，令苏轼一生空有宰相之才，而无宰相之位。

生 死 茫 茫

　　韩琦为北宋重臣，颇有才名。他为相十载，辅佐三朝，北宋的繁荣昌盛，他功不可没。他运筹帷幄，亲政爱民。欧阳修赞其"临大事，决大议，垂绅正笏，不动声色，措天下于泰山之安，可谓社稷之臣"。

　　苏轼太过清高，他不附权贵，不拜门阀，纵与欧阳修等人，亦只是文字之交。故仕宦途中，荆棘丛生，几度沉浮，也是意料中事。

　　韩琦举荐苏轼任职史馆，并要求皇帝开科考试，若是通过，方可入官。苏轼才思犹在，挥墨如雨，顺利考入三等，成了大宋王朝之最。如此高才，千古难遇，不凡志气，当能服众。

　　而今的苏轼，才品兼优，文名天下，假以时日，多些历练，必可居于高位，为不世之功。奈何人生路上，有太多的歧途和缺失，纵万事俱备，亦未必能如愿以偿。

　　苏轼后来得知此事，并未怪罪于韩琦，而是说："公可谓爱人以德矣。"韩琦对苏轼的拦阻，亦不是有意为之。若非苏洵病逝，苏轼回眉山守孝，若非英宗驾崩，河山更改。一切，只是序幕，都是那么美好。

　　苏轼虽未居高位，却也无妨，只待时机成熟，水到渠成。他平日借公务之便，饱读诗书，研习字画。或许，这正是韩琦深意，让苏轼

有渊博的学识，得以完善自己，方可重用于天下。

人世灾劫总在人毫无防备时，如疾风骤雨匆促而至。王弗病了，本是寻常之疾，不消几月，却日渐沉重。苏轼各处寻医问药，终不见效。昨日美人偎依枕畔，颜色憔悴，愁容忧伤，令他心神慌乱。

王弗自知时日无多，唯盼最后的时光，与相伴数载的良人柔情相依。她望着幼子，悄然落泪，端坐窗下，无主静思。她不肯轻露悲伤，怕惊扰家人，添来繁难。

她眷念这烟火凡尘，舍不下情爱，却躲不过生死。王弗的病逝令苏轼肝肠断裂，后来无论经受多少灾难，都不及爱妻的离开对他打击之大。

多年的相知相守，琴瑟和谐，如今一切如风，归还给天地。原来太过真实的拥有，更是迷离虚幻。你用一生情深，或许只能换取几个朝夕的姹紫嫣红。

她虽离去，但此生也算是无怨无恨。她深知，苏轼风华正好，才高惊世，功名在望，亦能教好幼子，不会有芦花之虑。她如一朵遗落在暮春的蔷花，走得安静，芳香漫地。

王弗的出现，只是为了陪衬苏轼走完这段如锦时光。这是他一生中最顺遂的十年，坦顺安然，清澈无波。从读书科考，到勤勉为政，一路行来，或有风雨坎坷，终无大碍。

她安静的结束，却是他此生飘摇的开始。世事藏有太多玄机，倘若王弗安好，以她的聪慧机敏，守在苏轼身畔，多与劝勉，也许他后半生可以少些波折，免些枝节。但这样，历史上便没有那个"一蓑风雨任平生"的苏子了。

命运无情，夺走了王弗，留苏轼一人，独在红尘，过尽风霜。次年回到眉山，苏轼强忍深悲，为王弗写了墓志铭，记述她短暂却多情的一生。

十年后，苏轼任职密州期间，梦到王弗，填了一首《江城子·乙卯正月二十日夜记梦》，最见其真心。

> 十年生死两茫茫，不思量，自难忘。千里孤坟，无处话凄凉。纵使相逢应不识，尘满面，鬓如霜。
> 夜来幽梦忽还乡，小轩窗，正梳妆。相顾无言，惟有泪千行。料得年年肠断处，明月夜，短松冈。

若无深情，何来佳句。正是苏轼情深如许，方填成了这首千古第一悼亡词。千年前的夜晚，苏轼梦罢醒来，帘月萧疏，一灯如豆，不见幽人姿影，空令词客断肠。

十年生死，再相逢，怕是容颜已改，彼此不识。梦里的红颜，于轩窗下梳妆画眉，几多妩媚，几多风韵。今番相对，心痛无言，唯泪千行。

他身畔，再无屏后之人为其解说世态，细嘱良言。唯有当年种下的三千株松树，郁郁苍苍，不改姿容，记着数不尽的忧伤与凄凉。

生死之事，自是悲伤哀婉，但那种彻骨之痛，又有几人可以感同身受。非我无情，将之一笔带过，而是岁月无心，变幻万千，难以预测。

人在世间，谁不曾被命运戏弄，你以为山温水软，却是荆棘丛生；你以为平坦顺意，却是沟壑难填。真义士，多是壮志未酬，其身先死；情深者，或多宝琴弦断，失伴独飞。

他日莲花路上，终有重逢，来世相认，或早不是当年情意，然此生爱过，拥有过，便无遗憾，亦无悔恨。

繁花纵好，不过一季；月有圆时，更多残缺。王弗虽亡，在苏轼心底却如影相随，伴了他一世一生。

第 九 章

二十七娘

二十五年的朝夕相处，

浪迹天涯，

便是她此生对爱情许下的最美誓约。

人世的美好，莫过于守着最初的一桩情缘，与那人执手地老天荒。之后，再不要有任何的遇见，亦不要有任何的交集，如此，算不算情深？

当年黛玉病容憔悴，宝玉对之信誓旦旦，言道若她死了，他出家做和尚。后黛玉香消玉殒，魂断潇湘，他虽肝肠寸断，对之眷眷难舍，却终还是接受了那段金玉良缘，与宝钗举案齐眉。

也曾私定偷盟，更有前缘旧债，仍摆脱不了宿命的囚笼。黛玉心

中有着缠绵不尽的情意与悲怨，离尘之时，焚了她最爱的诗稿，断绝痴心。这人间，她再无所恋。

缘尽时，无论爱与不爱，又是否辜负，都不重要。王弗离开的日子，苏轼难免悲思，但他生性豁达，非易感之人。他每日忙于朝堂公务，归家时，不见娇妻，亦是惆怅万千。

当日的镜台，未忍收拾，今已蒙上了薄尘，再无如花秀影。妆奁内，钗钿依旧，却已悄然无主。他想着，她也许从不曾离开，只是去院内折花，或于厨下煮茶。

苏轼很快在诗书中寻到去处，于酒茶里有了归宿。他甚至依照王弗之意，与父亲苏洵商量，和王弗的堂妹二十七娘订了婚约。只待过些日子，她来京行礼。

非他薄情忘了旧盟，而是她之遗愿不忍相违。他深知命运之理，人情世事皆转不出凡俗，他并非屈服，而是妥协。人这一生，本就匆匆，不必执于爱，亦不必执于恨。若是欢喜，无须纠缠不舍；若是伤感，也无须久萦心头。

谁道，到了次年四月，苏洵也病逝了。这时的苏洵，已参与编纂礼书《太常因革礼》一百卷，更是文名留世，也不枉来宋朝走过一遭。

二 十 七 娘

苏轼在京任职一年有余，颇有收获，唯待来年期满，升擢重用。他虽潇洒不羁，旷达从容，终是儒者之心，以功名为事。其实，一入宦海，纵不肯随波逐流，亦再难清洁如初。

他的仕途正如人间四月，新润敞阳，却因苏洵的病逝，瞬间终止。苏轼拒绝了朝堂赠的金帛，为其父求了官职，和苏辙一同扶枢还乡。

之前回眉山是因母亲去世，兄弟二人刚中进士，风华正茂，未曾入仕，便匆匆而归。此番苏轼颇得宗英赏识，虽屈身史馆，苦心历练，但他志气不改，只待来日拔擢，更上青云。

两次返乡，一样的时节，春事烂漫，无遮无拦。皆在他前程大好，万水千山走罢，飞去云天之时。命运给了他这样的巧合，是为磨其心志，还是人生本就坎坷多变？也许所有的巧合都是命定的安排，避无可避，只好随缘待之。

一路上田畴村落、桑茶人家，风景依旧明净旷远，只是曾经相随之人已成永诀。山河不因人改，不以境移，而人却挣不脱生死离合。

回到眉山，苏轼将苏洵、王弗二人各自安葬，又在邻近的山上种下三千棵松树，建了一座庙宇，以寄哀思。多年后，待松树长成，落入苏轼词中，承载了一段千古伤情。

故乡的山水，一如既往，灵秀天然。故乡的岁月，亦远离尘喧，平静无波。素日里，除了读书守孝，便是煮酒写文，或寻山问水，看云听松，再无他事。

就在苏轼静守眉山之时，朝中却是翻云覆雨。那位赏识苏子的英宗病逝，神宗继位。过往一年多的辛苦磨砺，转眼东流，而韩琦的一片心意亦成了无凭空言。这位神宗皇帝，重用王安石等人，实施变法，影响了苏轼的一生。

亦是在此时，王闰之来到苏轼的身边，抚慰了他的寂寞，填补了他的荒芜。她的出现，则是要与苏轼同风共雨，起落一生。二十五年的朝夕相处，浪迹天涯，便是她此生对爱情许下的最美誓约。

王闰之原是王弗堂妹，在出嫁前，家中按排行称其"二十七娘"。"闰之"一名，为苏轼所取。因她生在闰月，且是续弦，故为之。她还有自己的字：季璋。

王闰之虽无王弗的冰雪聪明、蕙质兰心，只是个寻常的巷陌女子，但她温顺良善，知足惜福，值得托付。当初王弗病重，为苏轼订下了这段姻缘。那时王闰之年十八，本打算择日入京，却遇着苏洵病亡，不曾前往。

今在眉山，居丧期满，苏轼便正式续弦，将王闰之娶回家。王

二 十 七 娘

闰之比苏轼小十一岁，自小在青神与他有过相识。那时的苏轼刚中进士，仪表堂堂，她对之心生仰慕。又见他对堂姐王弗一片情深，知他是可托一生的君子。

大婚之夜，新人如玉。苏轼心中却是百转千回，悲喜交集。悲者，故人已远；喜者，终成遗愿。王闰之眉目间颇有王弗神采，苏轼心中柔情涌动，甚觉欣慰。一时间，又从清冷的现世中重回梦里，不愿醒转。

熙宁元年（1068年）腊月，苏轼兄弟再次携了家眷返回汴京，并于次年抵达。忆当年，父子三人沿水路而行，畅吟山水，著成《南行集》。这次，兄弟虽有吟咏，奈何世事变迁，物是人非，终兴致不足。此番离开，苏轼余生再未回过眉山，无意的一次转身，却是永别。

这时的京城丰神宛然，朝堂却已非当年景况。曾经欣赏苏轼的英宗，已经去世两年。就在神宗继位后不久，即有人上书弹劾韩琦，言他专横跋扈，执掌国柄。神宗虽未听信谗言，并罢免了弹劾之人，韩琦却心意阑珊，主动辞官，不复为相。

后来便是王安石掌权，且在这年被任命为参知政事，即副宰相之职。在王安石的鼓动下，神宗决定实施变法，效仿尧舜，大作一番。

然王安石的存在，于苏轼却并非好事。苏洵当年领苏轼和苏辙进京，准备制举考试时，曾邂逅王安石，并与之发生不快。

王安石虽为官数载，却不肯轻易进京，曾数召不入。此次，他破格回京，领了官职，其中缘由，自是不解。他有诗才，能言善辩，颇有创见，深得当朝权贵赏识；然而，亦有一些人对之不喜，道他伪善虚荣，内藏奸意。

这些人中，便有张方平和苏洵。张方平即当年苏家父子游成都时所拜见之人。他曾与王安石同僚，因些小事而生嫌隙，王安石即与他绝交。

苏洵疾恶如仇，当初欧阳修要给他介绍王安石时，他断然拒绝。王安石本有心交好，奈何他拒而不纳。后王安石母丧，所邀的客人里，唯苏洵不往。

苏洵另有一篇《辩奸论》，乃指桑骂槐，措辞锐利。他把王安石比作王衍、卢杞之辈，甚至兼具二人之恶。（王衍乃西晋时人，竹林七贤之一的山涛见他，直言："误天下苍生者，必此人也！"卢杞是唐时人，为人阴险，丑陋无比。郭子仪见他，曾斥退歌女，怕人见他相貌，笑出声来，得罪了他。）

文中写道："衣臣虏之衣，食犬彘之食，囚首丧面，而谈诗书，

二　十　七　娘

此岂其情也哉？”此番言词，换了寻常人，亦未必受得起。

文章最后写道："使斯人而不用也，则吾言为过，而斯人有不遇之叹，孰知祸之至于此哉？不然，天下将被其祸，而吾获知言之名，悲夫！"

这篇《辩奸论》旨在贬斥王安石，竭力反对新党，在王安石变法实施后传播开来，署名苏洵。后代或有争论，言非苏洵之文，但不碍它笔锋泼辣，文法犀利。若是苏洵所写，足见其先知卓见。若非他文，则是外人借他笔力指摘恶辈，却为苏轼兄弟树下了强敌。

如今的大宋朝堂钩心斗角，风雨飘摇，凌乱不堪。王安石得势，苏轼与他意见相左，故不得重用，被任命为判官告院。这是个低微的职位，与前程无关，也和参政无关。仿佛过往的尊荣在瞬间烟消云散，不留痕迹。

幸而是苏轼之辈，心怀豁达，自在无拘。世人或可断毁其前程，却不可阻碍其风雅。与他相关的事物，通了性灵，皆有妙意。

在落寞时，他结识了驸马王诜。王诜也是风流之辈，喜画山水，亦善词笔。二人或于风雨之夕，或在三冬雪下，细酌词韵，共论书画，把酒持杯，细品红尘之乐。

后来，朝中又有了新的变迁。随着王安石新法实施，欧阳修、司马光、富弼等诸多贤臣，相继离开京师。本就荒乱的河山，今时更见凋零，曾经喧闹富丽的京城，似乎只留他一人登高望远，苦苦支撑。

若说真情无价，不为俗事所扰，偏又人心难依，易生隔阂。世间许多误会、怨恨，是否终有一日可冰释消解？

此时云静水清，彼时飞沙走石，物换星移只在某个瞬间。人生之事，看似层出不穷、惊心动魄，可哪一桩又算得了大事？

许多时候，男子的远大志向，抵不过女子现世的静好。一如浩荡纷纭的王朝，不及庭院平凡的草木。

第十章

力辩山河

无论是苏轼也好，王安石也罢，他们也只是在大宋王朝里，恰巧出现，恰好路过而已。若干年后，关于他们的故事，是非成败，清醒糊涂，尽入渔樵闲话。

最喜夜色深浓，万物沉静，案几一花一茶，足以倾诉所有心事。想来千年前的宋朝，亦有过这样一个春风温润的夜，有过百态众生，心中顿觉柔软可亲。

如豆的灯影下，有诗客低吟，有红袖添香。当年的花厅亭榭，早已是废池颓垣，历史对人对物一样心肠。当下可以追忆，却不能有悲哀。光阴无尽，我们都将老去，成为别人的过往。

曾经的豪情满怀、壮志雄心，斟成画意诗情、流水落花，是无

奈，还是洒脱，谁又知道。一如杜工部所言："文章憎命达，魑魅喜人过。"

也许一颗诗心，须经风过雨，往来历练，方可惊艳于世。又如欧阳修言："然则非诗之能穷人，殆穷者而后工也。"唯有这般，才能让诗客尝尽人生况味，写就千古文章。

当年在京，苏轼任职史馆，居于微职，却因前途坦荡，稍可慰心。那时有王弗做伴，不曾孤寂，未尝凄凉。当下身任微职，却是形势皆变，命运无托。

幸而有王闰之相随，她虽不似王弗聪慧灵巧，能与之共读，却也温良贤淑，把家中诸事打理得井然有序。多少虚幻的美好，到底不及这样真实的相依，从前这般，现在亦如此。

在此期间，范镇曾推举苏轼为谏官，未得到允许。然而，苏轼虽非谏官，却不曾停止笔墨，每有不当之事，他即上书以言。

古人争论，多以文章为事，绘情于纸，相较高低。其间道理，亦是引经据典，以古喻今，或自梳道理，次第论之。也有那持异议之人，对立朝堂，辩于口舌，这时则是互据其理，逞弄才学。无论是文章，还是口才，纵文如堆玉，语如坠珠，取用与否，全凭君王做主。

力 辩 山 河

苏家父子三人，皆善辩。苏洵即以政论文章而闻名于世，他取法古纵横家，又"吾取其术，不取其心"，观点精深，气势磅礴，写尽胸中之言。苏辙亦善政论、史论，著有《历代论》等。

苏轼亦善论文，当年制举考试，曾上策论五十余篇。他为文，不似纵横家流，事无定主，反复无常；他取理古今，言辞流利，以证对错。

《华严经》有云："若能知法永不灭，则得辩才无障碍；若能辩才无障碍，则能开演无边法。"唯有通达了内心，才华高妙，才能义理通达，畅然无碍。

在京期间，苏轼与王安石政见不同，意见相左，亦有数次。王安石欲变科举，苏轼上书："得人之道，在于知人，知人之法，在于责实。使君相有知人之才，朝廷有责实之政，则胥史皂隶，未尝无人，而况于学校贡举乎？"

王安石欲在考试时，用德行代替文辞，并专取策论，不用诗赋等。苏轼执意反对，据理力争，让神宗无从否定，故决定不采取变革。王安石忌恨苏轼，让他兼职开封府推官一职，盼他困以公务，无暇争辩。

但苏轼依旧写文，几次上书，写下著名的《上神宗皇帝书》。他

先把神宗比作尧舜，后又论述其弊："言天下莫危于人主也。聚则为君臣，散则为仇雠。聚散之间，不容毫厘。"

苏轼苦心相劝，洋洋洒洒，几近万言，神宗读罢，却未多理会。此时的神宗，已被他身边的佞臣彻底迷惑。他们察言观色，能说善辩，早已深悉帝王之心。苏轼的力量，这样薄弱，万般努力，付之东流。

苏轼见诸多坚持难有改变，又心恼王安石之辈，趁任推官之便，给考生出了道考题："晋武平吴，以独断而克；苻坚伐晋，以独断而亡；齐恒专任管仲而霸，燕哙专任子之而败。事同而功异，何也？"

苏轼让学子论述，同是独断，却因独断之人不同，克亡不同；同样任人，因所任之人不同，成败有异。他本意原是隐言，宋神宗为晋武帝，还是苻坚？王安石为管仲，还是子之？

"独断""专任"，这些偏激字句，令王安石怒不可遏。他让御史谢景温捏造虚事，弹劾苏轼，"向丁忧，多占舟舡，贩私盐、苏木，及服阕入京，多占兵士"。如此几番折腾，并未得逞。苏轼面对诋毁毫不理会，请求外任。神宗允之，遣其去了杭州。

苏轼和王安石，此生只能背道而驰，不可交集。一个恃才变法，要立千秋之业；一个思古虑今，细陈其弊。

力 辩 山 河

　　王安石亦非俗客，他的潇洒不同于苏轼。苏轼之潇洒，乃寄志江湖，心如孤鸿。王安石的风流，则更近西晋之风：随性穿着，无心饮食，不重外表，在意精神。他若仅是不拘形骸，纵惹世人不解，终无大碍。

　　世间之事，终有盖棺论定。王安石虽有高才，却终思虑不足，此次变法弊大于利。他的诸多想法，到最后成了虚谈，更开启了纷乱的党派之争。一时民生凋敝，哀鸿遍野，曾经鼎盛辉煌的北宋王朝开始衰败，直至走向灭亡。

　　真君子自是清白坦荡，与物相亲，心存善意，与人相交，亦无芥蒂。苏轼虽与王安石在朝中有诸多不快，但在他心里，在这清澈的人世间，从未有过仇敌。

　　多少不如意之事，皆不落于心上。他的豁达，如秋湖之水，若沧浪之波，风来则动，风过则静。苏轼一生阅人无数，过尽荣辱，到后来，原谅了每一个伤害过他的人。万物本有情，高才如他，怎能被狭隘占据其明敞的内心。

　　许多年后，苏轼任职黄州期满，回京路上，在王胜之陪同下，拜见过王安石。彼此写诗酬和，自此一笑泯恩仇。想来世间的爱恨情仇，不及佛祖的拈花一笑。心怀慈悲，则万物简净，岁月无尘。

苏轼写了一首《同王胜之游蒋山》，其间有句："竹杪飞华屋，松根泫细泉。峰多巧障日，江远欲浮天。略彴横秋水，浮图插暮烟。归来踏人影，云细月娟娟。"

王安石读诗，大赞"峰多巧障日，江远欲浮天"一句，说道："老夫平生作诗无此二句。"并和诗一首。数日内，几人相携游玩山水，谈古论今，唯有才情相慕，忘记昨日不欢。

回京后，苏轼还在信中说："其始欲买田金陵，庶几得陪杖屦，老于钟山下。既已不遂，今仪征一住又已二十日，日以求田为事，然成否未可知也。若幸而成，扁舟往来，见公不难矣！"

他欲买田金陵，与荆公为邻。王安石回信中写道："未相见，跋涉自爱。书不宣悉。"此时意重情深处，不异故旧。

然而，这时朝中的二人，则是政见相左，水火不容。于是，苏轼走了，离开了繁华且多事的汴京。多少人，带着天南地北的尘土，只为一睹汴京风采，得一官半职，与王朝同生共死。

苏轼亦如是。曾经年少轻狂，携梦而来，惊起过风云涛浪，留名于世。虽两度为官，又终无作为；文采翩然，却将光阴虚度。此番远行，不为历练，只是远避，内心虽无奈失落，却也平和无惊。

力 辩 山 河

如今的京城，已是变法派的天下，他努力过，到底是落败了。飘摇的大宋江山，注定要历千劫百难，满目疮痍。历史总是太过沉重，给人多情与美好，又无情夺走。春花秋月的日子，再回首，成了偏安一隅、暖风醉人的伤感。

让一个人孤独地承受河山，太过残忍；让一个人茫然地拯救苍生，更是徒劳。无论是苏轼也好，王安石也罢，他们也只是在大宋王朝里，恰巧出现，恰好路过而已。若干年后，关于他们的故事，是非成败，清醒糊涂，尽入渔樵闲话。

心若寒梅，便要饱经霜雪；生如秋叶，则要一世飘零。有些人，虽一生不曾远行，居一处院落，对一方山水，却依旧免不了人世变换，春秋更替；有些人，奔走于千山万水，亦躲不过流年的变迁，岁月的消磨。

人的一生，本就不断在迁徙，擦肩而过的人，皆在漂泊。江湖秋水，沧海桑田，一个转身，一次回眸，都是机缘。空谷深林，藏隐幽兰杜若，芬芳绝代。凡城闹市，亦有明山净水，迷人眼目。

他的出走，看似逃离，却是为了更好的遇见。山重水复，绵延逶迤，走过去了，便是境界。

第十一章

西子湖畔

无须杯盏，一缕杏花烟雨，即可醉人；

无须笔墨，一剪清风，便是诗意；

无须宣纸，一湖山水，自可成画。

与一段陌生的风景邂逅，却有重逢之感，想必前世该有过约定。世事迤逦如远山，虽多变幻却风光无际，回味隽永。

熙宁四年（1071年）七月，苏轼携家眷离京。马车徐徐，田畴阡陌缓缓移过，路遇樵子村妇，令人心生归隐之念。如此一路辗转，于十一月底，抵达杭州。这时的苏轼，已三十六岁，光阴流过，盛年渐远。

他寄居杭州凤凰山下，可俯瞰西湖，对望波光。自古杭州本佳

西　子　湖　畔

地，人文鼎盛，风景秀雅。俗语云："上有天堂，下有苏杭。"而陪伴他走过西湖山水、雨雪年华的人，是王闰之。

　　这里有太多温情的过往，流淌在巷陌山水间。江南之景，四时风流。亭台草木，乃至一粒尘埃，都飘荡着风雅。白乐天的灵思遗落在此，苏小小的油壁车碾过西湖的山水，林和靖的梅花惊艳了满城的风雪。

　　西湖之美，不可言喻，纵知其形，亦难解其韵。温柔的江南似曼妙的佳人，春水清颜，玉脂温润。无须杯盏，一缕杏花烟雨，即可醉人；无须笔墨，一剪清风，便是诗意；无须宣纸，一湖山水，自可成画。

　　来往的诗人词客登临胜景，用如流才思绘其风姿，润其颜色。白居易对着日丽风和的春湖，落笔："几处早莺争暖树，谁家新燕啄春泥。"杨万里赏着满地清香的夏湖，写下："接天莲叶无穷碧，映日荷花别样红。"孙锐望着素月皎皎的秋湖，吟唱："白苹红蓼西风里，一色湖光万顷秋。"李郢临着一池断冰的冬湖，得句："云母扇摇当殿色，珊瑚树碎满盘枝。"

　　苏轼与杭州的缘分亦深，恍如隔世有过交集。他曾在文中言道："在杭州尝游寿星院，入门便悟曾到，能言其院后堂殿山石处，故诗中尝有'前生已到'之语。"他游寿星院，入门只觉似曾相识，甚至

可说出院内后殿山石之布局。

后来他离开杭州任职别处时，也是"轼亦一岁率常四五梦至西湖上，此殆世俗所谓前缘者"。梦中几番游赏西湖，迎朝霞而出，揽夕照而回。苏轼一生两次来杭州，共五年时光，有句："居杭积五岁，自忆本杭人。"

世间情缘，亦分深浅。或无三生三世，却有海角天涯，本是两个天南地北之人，于茫茫世海相遇，即当珍惜。相携相聚于某座城市，共度一程山水，守一帘光阴，也是夙缘。

西湖的美，可承载苏子一如散珠落玉般的无穷灵思。亦只有苏子的笔，方能挥洒西湖美如阆苑瑶池的春秋画卷。苏子和西湖结缘，并非一世，当是情定三生。他有诗云："前生我已到杭州，到处长如到旧游。更欲洞霄为隐吏，一庵闲地且相留。"

顺境生欢，逆境易悲，而悲欢所化，多拘于外境。能从外境中解脱，不为身心喜乐所缚，寄心花木，情醉山水，则是真的洒脱。

苏轼便是那身处浮世，心可出尘之人。每逢公务之闲，他游走于西湖畔，所到之处、所见之景皆成了诗词；而西湖的山水人文，亦因了他的锦词佳句，更缠绵多情，风雅无边。

西 子 湖 畔

苏轼抵达杭州时已是冬日，上任几天恰至腊八节。这天，他游孤山，拜访僧人惠勤。他上任路上曾访欧阳修，欧阳修言与惠勤是旧友，并道："子问于民事，求人于湖山间而不可得，则往从勤乎！"

惠勤能文善诗，修为甚深。苏轼到任，欲知当地民情，故急着前去拜访。惠勤十分敬重欧阳修，道："六一公，天人也。人见其暂寓人间，而不知其乘云驭风，历五岳而跨沧海也。此邦之人，以公不一来为恨。公麾斥八极，何所不至，虽江山之胜，莫适为主，而奇丽秀绝之气，常为能文者用，故吾以为西湖盖公几案间一物耳。"

惠勤认为，世间之奇丽秀绝之气，皆可为诗人文客所用。纵美如西湖，亦不过是几案上一物。绿水青山、画意诗情，只是笔墨间一篇未尽的文辞。苏轼留句以寄："天欲雪，云满湖，楼台明灭山有无。水清出石鱼可数，林深无人鸟相呼。"

此次相访，虽诗意满怀，于民事上却倍觉失落，词句间隐现出一抹无奈和苍凉。如今变法的弊端已深入民间，不得消减。他寄给苏辙一诗，诉说当下心情，有句曰："眼看时事力难任，贪恋君恩退未能。"

苏轼自叹时事维艰，难以胜任，又不愿抛弃功名，归于湖山。毕竟数十年的寒夜孤影，还有壮志未酬，心愿未尽，好梦未圆。

他任通判之职，属于副职，审问案件为主，无多杂务。他在诗中云："未成小隐聊中隐，可得长闲胜暂闲。我本无家更安住，故乡无此好湖山。"

苏轼未将此身寄于林泉，做个闲散的隐士，而是隐在市井，时有俗事缠身。所幸，他洒脱不羁，不被尘虑萦心，依旧爱好天然，尽赏湖山之胜。

西湖雪落，多少诗情，流淌于笔墨，欲说还休。亭阁楼台，映着琼玉，细枝柔叶，韵着晴明。想当年，林和靖隐居杭州，结庐孤山，幸有梅妻鹤子做伴，令孤寂的生活多了几分闲适情趣。

苏轼游过许多禅院古刹，亦结识过诸多高僧隐者，并留句以寄。这年吉祥寺牡丹盛开，苏轼与知州沈立等人相游，饮酒赏花。此间有数百品种花草，上千株之多，皆繁盛至极，堪称胜景。会宴者有五十三人，不善杯盏者多是酩酊醉去。

那日醉后的苏轼，摘下牡丹，簪戴于头，扶醉而归。路人见他醉态可憨，又簪花在头，不禁莞尔。他珠帘卷起，亦不在意，只不负春光。有诗："人老簪花不自羞，花应羞上老人头。醉归扶路人应笑，十里珠帘半上钩。"

苏轼亦经常夜饮湖上，或月夜，或雨夕，看湖光水色，韵致尤佳。醉罢直接宿在船上，任花香入梦，明月落怀。在此期间，他写下许多诗词，以记夜游。

夜泛西湖五绝（其四）

菰蒲无边水茫茫，荷花夜开风露香。

渐见灯明出远寺，更待月黑看湖光。

无边的菰蒲，荡着湖水悠悠，尽显苍茫。多情的荷花，趁着夜色，独为诗客才子悄然绽开，幽香迷离。沉落水中的霞影已然转淡，而远处的寺院逐渐有了灯明。唯待月色升起，静赏一湖的澄澈雅意。

苏轼一生不趋荣利，偏爱风月吟咏，虽漂浮于宦海，却始终疏狂豪迈。在这如画的湖山间，能得几位风雅之友，共醉山水，一起消磨光阴，亦是苏子之幸。

苏轼在杭州结识了词人张先，此人喜登山临水，以诗词自娱。一日，苏轼和张先共游西湖，见湖心有一彩舟行近，舟上有一女子风韵娴雅，正在鼓筝。二人为其风韵所引，寄目送之。一曲尚未终了，那女子已翩然不见，隐入荷花。苏轼感其情，写下一篇《江城子》。

凤凰山下雨初晴，水风清，晚霞明。一朵芙蕖，开过尚盈盈。何处飞来双白鹭，如有意，慕娉婷。

忽闻江上弄哀筝，苦含情，遣谁听？烟敛云收，依约是湘

灵。欲待曲终寻问取，人不见，数峰青。

张先一生富贵，诗酒风流，八十五岁犹纳妾。陈襄令苏轼作诗，苏轼写句戏之："锦里先生自笑狂，莫欺九尺鬓眉苍。诗人老去莺莺在，公子归来燕燕忙。"一次家宴上，苏轼再度赋诗调侃："十八新娘八十郎，苍苍白发对红妆。鸳鸯被里成双夜，一树梨花压海棠。"

这年科场，苏轼监试，暂搁闲情，忙碌了两月余。其间写过一首《试院煎茶》，有句曰："不用撑肠挂腹文字五千卷，但愿一瓯常及睡足日高时。"

他道：人在世间，不必满腹学问，万卷词华，但能心怀雅趣，有一瓯好茶，睡到自醒，即是妙事。

世人偏又所求太多，愿天下资财、万般功贵尽为我有，却不知心存妙意，处处莲开。山水风物，可置于案几，供人赏玩；明月清风，可成诗料，亦能佐酒入茶。

一生多少风景尚且看不尽，唯怕一梦千年，又何来那许多的哀怨委屈。须知，一切烦恼，皆是执念；万般功利，不如清闲。

第十二章

烟雨江南

与一方山水结缘，相约生死，和一人共守，不觉白头，都是人间妙事。

春日花事繁忙，新枝翠绿，人亦不敢散淡。世间万物这样真实认真，山光水色、桑园竹院，以及千百年不变的江南烟雨，皆有风致。

与一方山水结缘，相约生死，和一人共守，不觉白头，都是人间妙事。诗里的光阴，所见的是唐朝的繁盛；词中的妙意，所见的则是宋朝的悠远。

到今日，杭州的湖山间，依然藏着苏轼的灵气和情意。苏堤烟

柳，断桥疏影，乃至翩飞的蝶，衔波的燕，都有他的诗风词韵。若西湖佳色有三分，没有苏子，它虽秀雅恬静，终缺一分风景。

苏轼今在杭州，因居副职，行政为民，并不能随心所欲。陈襄初任，便问"民之所病"，在苏轼的打理下，治理了六井，让杭州百姓有水可饮。

《钱塘六井记》记述了其事："余以为水者，人之所甚急。而旱至于井竭，非岁之所常有也。以其不常有，而忽其所甚急，此天下之通患也，岂独水哉？"

恰如苏轼所言，人对火急之事，或多防范，而对未然之事，却易疏忽。莫因灾害少有，即存侥幸，疏了防范，若哪日灾起，则势难挽回。天灾不可怕，人祸才可惧。苏轼写文，总能脱开时世约束，寻到事之内理，穿古论今，悉得奇意，实为其文之妙处。

苏轼为政，多以审判案件为主。那时新法盛行，弊端尽显，不少罪民并无大恶，仅是与时政不合。"轼在钱塘，每执笔断犯盐者，未尝不流涕也。"

这年除夕，苏轼审问一名犯人，案因贩私盐而起。他诗中写道："我之恋薄禄，因循失归休。不须论贤愚，均是为食谋。"于苏

烟 雨 江 南

轼而言，无论犯罪与否，百姓只为了温饱，与自己出仕为官，并无大异。

或不为功名，却终要谋生；或甘于清贫，亦要衣食不缺。苏轼平生豁达洒逸，当不会为俗事纠缠，最喜的仍是邀游山水，寻风追月。

太守陈襄也是诗人，亦喜填词，二人常互寄笔墨，共赏风景。熙宁六年（1073年）春暮，二人邀饮西湖，时百花渐好，映着湖影翠波，粉翠相得。

初饮时，本风日晴好，不觉落起雨来，如丝如线，蒙蒙若虚。苏轼见景，写下佳句："水光潋滟晴方好，山色空濛雨亦奇。欲把西湖比西子，淡妆浓抹总相宜。"这首诗绘尽西湖妙处，让后世诗人为之搁笔，"西子湖"的别名亦自此盛传。

苏轼交友甚广，杭州寺院林立，颇有名僧。苏轼初到杭州，往孤山拜望惠勤、惠思二僧，后又结识了清顺、守诠等人。正如他说："默念吴越多名僧，与予善者常十九。"

与清顺相识，源于一首诗。苏轼游西湖北山，见僧舍壁上有诗："竹暗不通日，泉声落如雨。春风自有期，桃李乱深坞。"苏轼见诗

可喜，问谁人写来，从人与说。苏轼寻着清顺，言谈甚欢，与之成了好友。

守诠是梵天寺的狂僧，他曾于壁上题诗："落日寒蝉鸣，独归林下寺。柴扉夜未掩，片月随行履。惟闻犬吠声，又入青萝去。"苏轼见句，在后面和诗一首，至此又多一位诗友。

这些诗僧中，与苏轼交往最深久的，当是道潜。他俗姓何，居在孤山。苏轼初见，赞其诗句清绝，堪比林逋。此后，二人交往甚笃，互为酬答，结为忘形之交。

苏轼与诸多僧人结识，多因诗文，而与惠觉相知，却是因竹。这年，苏轼视政至于潜县，在寂照寺遇着惠觉，二人同游绿筠轩。

此处翠竹环绕，幽雅深静。入眼处，幽篁荡荡，苍翠欲滴，让人喜之不尽。苏轼对景起句，写下《于潜僧绿筠轩》："可使食无肉，不可居无竹。无肉令人瘦，无竹令人俗。人瘦尚可肥，士俗不可医。旁人笑此言，似高还似痴。若对此君仍大嚼，世间哪有扬州鹤？"

人于世间，虽离不了衣食住行，但无论身寄何处，都应持一分雅致。简衣素食，坚守初心，纵落凡尘，亦不沾惹俗虑。来日，名利皆失，只对着千竿修竹，心中亦不再怅然。

苏轼与陈襄的友谊十分深厚，二人数次共游湖山古刹，留下许多佳句。这年年底，苏轼因公务往常润之地，在外办公犹不忘时时寄句，相酬相答。熙宁七年（1074年）正月二日，立春，苏轼写下《行香子·丹阳寄述古》。

　　携手江村。梅雪飘裙。情何限，处处销魂。故人不见，旧曲重闻。向望湖楼，孤山寺，涌金门。
　　寻常行处，题诗千首，绣罗衫，与拂红尘。别来相忆，知是何人？有湖中月，江边柳，陇头云。

这年五月，苏轼受命任密州知州，只待就任。七月，陈襄移知别处，即将离开杭州。几位同僚聚于有美堂，以述离别。是夜月色如练，诸人倚着西湖，眺望钱塘江，心生感慨。陈襄让苏轼填词，苏轼即席而就，写成《虞美人·有美堂赠述古》。

　　湖山信是东南美，一望弥千里。使君能得几回来？便使樽前醉倒更徘徊。
　　沙河塘里灯初上，水调谁家唱？夜阑风静欲归时，惟有一江明月碧琉璃。

杭州是繁华之地，西湖亦是艳情之乡。此地不仅有名刹诗僧，亦有满湖歌妓，每逢宴饮，多有歌妓相伴。她们芳华正好，通晓音律，能歌善舞，亦懂诗词。

自古文人多情，苏轼亦是性情中人，对歌妓虽是过而不迷，但于心底总藏几分怜惜。他曾写下一篇《薄命佳人》，以述其情。

> 双颊凝酥发抹漆，眼光入帘珠的皪。
> 故将白练作仙衣，不许红膏污天质。
> 吴音娇软带儿痴，无限闲愁总未知。
> 自古佳人多命薄，闭门春尽杨花落。

这些容貌姣好，白衣如仙，又天真烂漫的歌妓，却是命薄如花，一朝落去，韶光亦尽。若有歌妓从良，苏轼总是尽心相助，唯愿世间名花皆有主。

也是在这一年，苏轼遇见王朝云。这时的朝云还小，年方十二，形容不足，让人爱怜。朝云因家境贫困，自幼沦为歌妓，纤柔之质，往来于西湖山水。她姿貌秀丽，气质若兰，又聪颖灵慧，在西湖诸歌女中颇有名气。

苏轼见她冰雪灵秀，虽落烟尘，却清丽淡雅，别有韵致，甚是喜爱。每游西湖，必召来相伴，后将她纳为常侍。

烟 雨 江 南

　　朝云虽跟随苏轼二十几年，一生未得名分，唯在年长后，以侍妾
居之。她本聪慧之人，又仰慕苏轼高才，亦深得王闰之善待。她待苏
轼情深，为之煮饭烧茶，无怨无悔，死生相随。后来东坡几度遭贬，
唯朝云在侧，与他共荣辱浮沉，度千灾百难。

　　这位被苏轼称作"维摩天女"的佳人来到他的身畔，则是要填
补他灵魂的寂寥。她的风情诗韵、兰草气息，令他灵感满溢，文传千
古。亦是从这时起，苏轼的词文更见高远清绝。

　　王朝云似琴，唯有知心，方会其韵。苏轼的心，因世事变迁而
黯淡茫然，朝云则让他解脱了名利兴亡。苏轼有诗："归家且觅千斛
水，净洗从前筝笛耳。"凡香俗艳，尽输寒梅。

　　她兰心蕙质，与佛结缘，故与她相关的物事皆有禅意。朝云所在
之处，苏轼纵仕途坎坷，亦觉心安。她的患难相随，坚贞不渝，令苏
轼感激一生。

　　若非身寄官场，挣脱不去名利，苏轼此生该是幸运的。他自可
择一山水秀逸佳地，远避尘喧，带着她的红颜，看花开燕回，细
雨斜风。匆匆百年，不过一盏茶的时间，你踌躇之时，流光转身
即逝。

　　这年暮秋，疏林红叶，落木萧萧。苏轼再游西湖，别过诸多道

友僧朋、诗者词客，离开了最美的杭州。他带走了朝云，将万千诗情留给了杭州的山水。江南，因他的离去，烟雨不息，风情弥漫。

苏子与西湖，虽匆匆三载相聚，却结下不了之缘。正是这段未了缘，让他在许多年后，携一身风雨如约而至，再临杭州。

西子湖畔，一如当年，淡妆浓抹总相宜。而他，已是鬓发如雪，沧桑过尽。

第十三章

燕处超然

多少无常，于他眼中，也是寻常。

他深知，生老病死，乃世之常事，

亦是人之必然。

人世迁徙，无非是从这座山，转去那湖水。重遇一片风景，交换一种心情，或有际遇，或有相逢，都是必经之路。一切都在改变，一切都不复重来。时间寂寂流淌，所见的，是相同的冷暖阴晴、聚散悲喜。

苏轼于熙宁七年（1074年）九月间离开了西湖，别过这片柔山静水，行往密州。一路上，山长水远，寒霜如梦，曾经的繁华往事，转身千年。

苏轼的一生，有着无尽的漂泊，因他情意高远，虽身似浮萍，无碍其志若闲云。他来密州，是因为苏辙任职济南，心中牵念，故请为密州守。一路风尘，然兄弟二人并未相见。

这日居驿馆，梦中醒来，天色未明，鸡鸣野店。苏轼看着摇曳青灯，如练月华，念及生平旧事，不胜唏嘘。于是，写下了这首《沁园春·孤馆灯青》。

孤馆灯青，野店鸡号，旅枕梦残。渐月华收练，晨霜耿耿；云山摛锦，朝露团团。世路无穷，劳生有限，似此区区长鲜欢。微吟罢，凭征鞍无语，往事千端。

当时共客长安，似二陆初来俱少年。有笔头千字，胸中万卷；致君尧舜，此事何难！用舍由时，行藏在我，袖手何妨闲处看。身长健，但优游卒岁，且斗樽前。

他以诗笔入词，忆当年兄弟二人文采风流，同在汴京，还是少年。更有笔头千字，胸中万卷，本欲为一番功业，然终碌碌，未成所愿。于此，且任随用舍，聊寄樽杯。入笔处，颇有不平之气，有壮志未酬之苦闷。后元好问言其非东坡所作，然无论真伪，亦暗合了苏轼当时之心境。

十二月，苏轼抵达密州，开始了他的另一段仕宦生涯。这时的他，恰逢不惑之年，于男子而言当为最好时节，既无年少的疏狂，亦

燕 处 超 然

无暮年的垂老，世事皆知，沧桑内敛。今般上任，担了正职，他再不似从前那般拘束，而是可以自下做主，兴业为民。

密州虽也人杰地灵，山水秀丽，但比起繁华风流的杭州，终是不足，又相对偏远。"然城中无山水，寺宇朴陋，僧皆粗野，复求苏、杭湖山之游，无复仿佛矣。"景换物移，于仓促间，竟难以遣怀。

苏轼到任后月余，第一个上元节，观乎民情，怅然所失，写下《蝶恋花·密州上元》，以寄寥落心情。

> 灯火钱塘三五夜，明月如霜，照见人如画。帐底吹笙香吐麝，更无一点尘随马。
> 寂寞山城人老也。击鼓吹箫，却入农桑社。火冷灯稀霜露下，昏昏雪意云垂野。

曾在华丽的杭州，三五之夜，明月如霜，幽人如画；而今置身山城，颇感寂寞，唯有火冷灯稀，昏云垂野。世事转变，让人徒添烦恼。几日后，他梦见了王弗，并写下伤感词篇。

或起或落，亦荣亦枯，皆要寻常心待之。密州本即偏远之地，再经天灾人祸，越发贫瘠。新政的许多弊端映在眼前，一时难以更改。苏轼虽官为太守，却是日渐穷困。正如《后杞菊赋》序中所说："予仕宦十有九年，家日益贫，衣食之奉，殆不如昔者。及移守胶西，意

且一饱，而斋厨索然，不堪其忧。"

他曾读《杞菊赋》，心中疑惑，那读书之人，或有不遇之叹，岂能穷到啖些花草，食不果腹？到今为官十九年，家中却更贫苦，方信其真。任知州时，求一饱而不可得了。"斋厨索然，不堪其忧"，常与通判二人，往那古城废圃间，寻杞菊以食。

如此境况，令人酸楚，但乡民困苦，更让其愧疚难当。他道："永愧此邦人，芒刺在肤肌。平生五千卷，一字不救饥。"可见，人处困境，再多的文采辞华，终不解片刻之饥寒。

虽也自嘲，但他豁然依旧，纷繁的外界，怎可扰其心性，令之屈服。《后杞菊赋》中所写："人生一世，如屈伸肘。何者为贫？何者为富？何者为美？何者为陋？"世间本无贫富美丑之分，若无比较，则万事清平。

多少无常，于他眼中，也是寻常。他深知，生老病死，乃世之常事，亦是人之必然。正如佛家的慈悲一样，先重因果，后有怜悯。同样一死，临丧不哀，是儒家眼中的大忌；击盆而歌，是道家眼中的洒脱；发心助念，是佛家眼中的慈悲。

纵处绝境，他自可超脱，于物外寻求转机，不困于心。捧茶在手，取笔在案，文纵千里，潇洒自如。他《超然台记》有句："予之

燕　处　超　然

无所往而不乐者，盖游于物之外也。"

苏轼不似酸涩文人，在偏安的楼台水榭间，歌舞升平；亦不似悲壮之士，于万物萧疏败落中，愁眉不展。他可悲可喜，悲时生乐，乐中寄悲。他的词笔，从不会拘于某种物象、某种情愫，而是随心所欲，如流水飞云，不失其度。

自古以来，民不患贫。那时不仅是苏轼个人温饱难以解决，整座密州城，皆是哀声蔓延。恰逢旱灾，又遇蝗灾，更有新法实施，风波险恶，以致"岁比不登，盗贼满野，狱讼充斥"。百姓到了"况复连年苦饥馑，剥啮草木啖泥土"之境地。

苏轼在《祭常山祝文》里亦有描述："哀我邦人，遭此凶旱。流殍之余，其命如发。而飞蝗流毒，遗种布野。"

苏轼深入民间，以济物为心，不计劳逸，为民谋利。他在初到密州时，见蝗灾严重，乡民日夜捕杀，犹不能除。有些官吏，隐瞒实况，竟说飞蝗不为灾。

"声乱浙江之涛，上翳日月，下掩草木，遇其所落，弥望萧然。"苏轼在杭州时，曾见过蝗灾，知其害处，怎会被轻易蒙骗。

此时的苏轼，没有了王弗，无幕后听言，或以规劝，愈发不知

缄口："余性不慎语言，与人无亲疏，辄输写腑脏，有所不尽，如茹物不下，必吐出乃已。"几年后的那场诗案，与如今这些词笔甚有关联。

苏轼身为知州，乃地方之长，已不似前番为官，身居副职，不可决策。他须为百姓民众尽责尽力，使其度过灾劫。

蝗灾泛滥，不可抑止。苏轼深入田间，以身作则，以至劳累不堪，筋力已竭。"坐观不救亦何心，秉畀炎火传自古。荷锄散掘谁敢后，得米济饥还小补。"

苏轼主张用火焚之，并以虫卵换米之法，调动乡民荷锄挖掘，以绝其患。几经费心奔忙，治蝗灾之害，取得成效，自春天开始，已得蝗子八千斛。

彼时旱情持续，苏轼一如在凤翔为官时，苦无良策，只得再次依靠仙佛来护佑。于是他领了民众，登常山，写下祭文："呜呼！我州之望，不在神乎？父老谓神求无不获，克有常德，以名兹山。其可不答，以愧此名？"

苏轼祭文，亦与山神争理。身为山神，居于其位，当为民谋福，不可忽视灾难。这是山河的言语，不用解答，不必悔改，只需遵从。苏轼的真心，如明珠灿耀，光照千古。

燕 处 超 然

想来苍天有情，深感其意，落下雨来。苏轼为谢天德，翻新庙宇，于此建亭，名为"雩泉亭"。在密州为官期间，他皆饮雩泉之水。

后来任期满，离开密州时，亦曾写诗以记："举酒属雩泉，白发日夜新。何日泉中天，复照泉上人。二年饮泉水，鱼鸟亦相亲。还将弄泉手，遮日向西秦。"

因天灾人祸，乡民穷困，每有幼儿饿死或养不起时，即被扔在城边。苏轼无意中遇见，心中大恸，悲伤不已，自此，经常绕城拾捡弃儿。

"轼向在密州遇饥年，民多弃子。因盘量劝诱米，得出剩数百石别储之，专以收养弃儿，月给六斗。比期年，养者与儿，皆有父母之爱，遂不失所。所活者亦数十人。"

苏轼为这些可怜的弃儿寻了归处，并请专人看养。每月供给粮米六斗，待灾情转好，已救活数十个小生命。

这便是苏子，一生磊落正直，不讲虚言，不畏艰辛。为官时从无私心，只为民请命，善良慈悲。故他一生中，无论在何处，是成是败，是贵是贫，皆深受百姓爱戴。

"磨刀入谷追穷寇，洒涕循城拾弃孩。"蝗灾盛行，天时干旱，城中有弃孩遗孤，亦有贼盗穿行。这些贼盗横暴凶残，贪人财货，不惜栽赃诬陷当地百姓。民众奋起与斗，而致杀人。

百姓纷纷来告状，苏轼将恶吏按律处以死刑，深得民心。经过一段时日整治，盗情缓解，使得"吏民渐相信，盗贼狱讼颇衰"。苏轼本人亦感欣慰，"处之期年，而貌加丰，发之白者，日以反黑"。

明月清风，终是气度，两袖清风，乃是精神。苏轼为官数载，无论处顺境或逆境，都清正廉洁，为民谋利。他一生虽历尽浮沉，几度遭贬，却无愧于众生，不悔于天地。

第十四章

千里婵娟

漫漫人生，若山回溪转，有怅惘不安，亦有许多值得欣慰之事。原本错过了春天的花事，却又能在清秋中重拾昨日风采，自当开怀。

烟雨江南，水畔山中藏着太多的灵气，任人采撷。如苏轼诗中所言："游遍钱塘湖上山，归来文字带芳鲜。""我昔尝为径山客，至今诗笔余山色。"

游一夕风景，归来，对着摇曳灯影，轻舒雪腕，即可落笔成篇，挥墨千言。月光拂袖，便有妙句散落；漫品清茶，亦得锦辞盈心。

苏轼的许多佳作皆在艰辛岁月中写成，想必是临悲多妙句，穷困

出文章。苏轼来密州路上追忆当年，忧思郁结。回首为官数载，虽一路有佳人陪伴，风景相随，却总觉壮志未酬，不免心生沮丧。

密州岁月，于苏轼而言意义非凡，是他豪放词风的开始。从最初的婉转低落，渐至慷慨激昂，词风之转变，成就了他在文坛的千秋盛名。宋朝有了苏东坡，历史亦为之气象万千，有了深厚底蕴。

初到密州时，苏轼愁闷难解，他梦见亡妻王弗，写下《江城子·乙卯正月二十日夜记梦》，这首词于千古悼亡词中堪称第一。之后的他消愁去虑，内心转变，方有了豪气风云的《江城子·密州出猎》。及至《水调歌头》，则是旷达无比，浩然飘逸中带着一种仙气。

其间缘由，或起于其亲身处政，让一座城池从凋敝破败到日景清明。他情系天下，不为凡尘悲喜所困，从真正的自我中超脱而出。他的澄澈与明亮，是一种对世事的觉醒。

从"寂寞山城人老也"，到"老夫聊发少年狂"；从"优游卒岁，且斗樽前"，到"会挽雕弓如满月，西北望，射天狼"。此番觉醒后，苏子余生再未真正醉过。无论身处何地、何种境遇，始终留几分清醒，一点傲骨。

苏轼的一生，当是洒脱无羁、天然纯粹的。他的情感世界，爱

千 里 婵 娟

恨情仇皆是从容，不拘恩仇，但求无愧于心。万般繁华，他视若云烟过眼，不为虚名强作姿态。凡巷陋室亦可安住，坚韧不屈，无惧沧海桑田。

他的洒脱，在于取舍自然，有一种气度。遇到不称意之事，他临机妙悟，多少繁难灾劫，恍若絮散云飞，雪落阳春。过去了，不留片痕，无碍其心。

他初到密州，人情物意皆生疏，又忙于公务，故未曾得闲赏牡丹。到了初秋，百花早尽，然深院中竟又花开一朵。苏轼见之，很是欣然，作词《雨中花》。

今岁花时深院，尽日东风，荡扬茶烟。但有绿苔芳草，柳絮榆钱。闻道城西，长廊古寺，甲第名园。有国艳带酒，天香染袂，为我留连。

清明过了，残红无处，对此泪洒尊前。秋向晚，一枝何事，向我依然。高会聊追短景，清商不暇馀妍。不如留取，十分春态，付与明年。

漫漫人生，若山回溪转，有怅惘不安，亦有许多值得欣慰之事。原本错过了春天的花事，却又能在清秋中重拾昨日风采，自当开怀。正是："失之东隅，收之桑榆。"

这年冬天，苏轼祭常山回来，与同官习射、放鹰。望着浩荡队伍，念及一方功业少有改观，心中豪气顿生，写下《江城子·密州出猎》。

老夫聊发少年狂，左牵黄，右擎苍，锦帽貂裘，千骑卷平冈。为报倾城随太守，亲射虎，看孙郎。

酒酣胸胆尚开张，鬓微霜，又何妨。持节云中，何日遣冯唐？会挽雕弓如满月，西北望，射天狼。

"近却颇作小词，虽无柳七郎风味，亦自是一家，呵呵。数日前猎于郊外，所获颇多。作得一阕，令东州壮士抵掌顿脚而歌之，吹笛击鼓以为节，颇壮观也。"他在《与鲜于子骏书》中如是说。苏轼此词"一洗绮罗香泽之态，摆脱绸缪婉转之度"，宽了词境，独树词风。

他本云外仙客，情意高远，今番初入密州，跌落红尘。见着人间疾苦、城边弃婴，深感生命之脆弱、民生之苦。当境况渐改，方识人世情真，浓如醇酒陈茶。

此时苏轼的壮志雄心已非求功为名，他期待被重用，戎马出征，执剑弯弓，为百姓谋福，为苍生而仕。他的词风因其心境而转移，惊天动地，如同生死。

千里婵娟

北宋王朝，一如长河落日，已经无法摆脱它衰败之运数。如今的京城风云浩荡，凌乱繁芜。王安石罢相后，吕惠卿得势，次年王安石再被起用，后又罢相。变法派内部激起涛浪，出现了莫大的分歧。

苏轼在密州治理一年后，诸多物象已然改观。他修建庭院，筑超然台，写下《超然台记》。世间大多道理浅显易懂，行之实难。躬身行之，方能身心合一，从中悟出超然于外的感思。

"凡物皆有可观，苟有可观，皆有可乐，非必怪奇玮丽者也。哺糟啜醨，皆可以醉；果蔬草木，皆可以饱。推此类也，吾安往而不乐！"

万物皆有可观之处，令人喜之悦之。山有云，水有荷，林有花，天有月。观于溪水，则知幽韵；观于霜雪，则见冰洁。浊酒佳酿皆能醉人，山珍野味都可充饥。

胶西先生赵明叔，家贫，好饮，不择酒而醉，常云："薄薄酒，胜茶汤；丑丑妇，胜空房。"苏轼有感，写下两首《薄薄酒》，以下为其一。

薄薄酒，胜茶汤。粗粗布，胜无裳。丑妻恶妾胜空房。五更待漏靴满霜，不如三伏日高睡足北窗凉。珠襦玉柙万人相送归北邙，不如悬鹑百结独坐负朝阳。生前富贵，死后文章，百年瞬息

万世忙。夷齐盗跖俱亡羊，不如眼前一醉是非忧乐两都忘。

薄酒粗酿，胜过无酒可饮；丑妻恶妾，胜过孤身一人；五更天满靴子霜雪去上朝，不如三伏天卧在北窗阴凉处睡个足觉；富贵一场，万人送着去坟场，不如衣着破旧，独沐朝阳。生前富贵，死后文章，百年不过瞬息，万世亦只是空忙。世间是非忧乐原本就是烟云，无论身寄何处，都该安贫乐道，活在当下。知足常乐，即可超脱。

这年暮春，流光似锦，细柳斜斜，苏轼登超然台，看满城花事，写下《望江南》。

春未老，风细柳斜斜。试上超然台上望，半壕春水一城花。烟雨暗千家。

寒食后，酒醒却咨嗟。休对故人思故国，且将新火试新茶。诗酒趁年华。

暮春时节，春风未老，细柳多情，年华几许。超然台上，苏轼临风把酒，醉看春色。水光碧绿，落瓣如雪，对着无边烟雨，他亦有丝丝离愁；但他又能在万般情绪外，寻到本真的快乐。

他道，与其思念故人，回望旧处，莫如趁着好光阴，漫煮新茶，于诗酒中找寻乐趣。登台远望，读书烹茶，诗酒当趁年华。

千 里 婵 娟

苏轼不似寻常词客，以悲起，以悲收，纵有乐事，亦只是强作欢笑，徒增悲感。苏轼词中的喜乐转换，并非逃避，而是一种率真的洒脱。读其词，毫无漂失落寞之感，反令人对世景有了新的相知。

苏轼来密州，是因此地与济南相邻，或能常见其弟苏辙。谁知到此任职，公务繁忙，琐事缠身，无暇相见。直至这年中秋，他念及子由，对月感怀，彻夜欢饮，大醉之后，写下了千古名篇《水调歌头·明月几时有》。

> 丙辰中秋，欢饮达旦，大醉，作此篇。兼怀子由。
>
> 明月几时有？把酒问青天。不知天上宫阙，今夕是何年？我欲乘风归去，又恐琼楼玉宇，高处不胜寒。起舞弄清影，何似在人间！
>
> 转朱阁，低绮户，照无眠。不应有恨，何事长向别时圆？人有悲欢离合，月有阴晴圆缺，此事古难全。但愿人长久，千里共婵娟。

苏轼举杯对月，扶着醉影，欲乘风归去，又恐月宫高远，不胜寒意。悲欢离合，阴晴圆缺，本难遂人心意，亦不必执着。自然万物，皆有可取，世间众生，无一不好。

他落笔空灵浪漫，又有孤高旷远之境界。胡仔《苕溪渔隐丛话》说："中秋词，自东坡《水调歌头》一出，余词尽废。"

在东坡之后千百年间，世人所吟中秋词再无超越之作。当世间之情不得圆满时，唯有"但愿人长久，千里共婵娟"。

看似超绝了凡尘，然则情深意浓。其悠远之境若明月清风，往来于宋朝的山河，惊动人心。清扬中有一种灵气，婉转中更多几分洒脱。

所幸，无论繁盛还是落魄，醉时还是醒后，他身边始终有不离不弃之人。王闰之若山茶，朴素无华，心思简净；王朝云若青莲，灵巧出尘，沾染佛性。她们陪伴苏轼，彼此心意相通，无有芥蒂，更无委屈。

人世悠悠，悲欢有尽，山水无涯。你所到之处，纵素不相识，自有一段缠绵情深。

第十五章

黄楼岁月

无论苏轼任职何方，
都会在山水间留下许多美丽传说。
他的诗情、气度，
温柔地洒落在每一片他曾到过的土地。

人生路上，每一次行途都是美景，皆有故事。日色风影，白云急雨，天涯道路渺无尽头，却总有一处街巷人家是你暂时的归宿。

置身官场，有太多的身不由己，更要从容坦荡，任尔东西。熙宁九年（1076年）年底，苏轼调离密州，往河中府任职，第二年四月改知徐州。他的一生，许多年节皆在羁旅中度过。

这年除夕，遭逢大雪，夜宿潍州。次日雪晴，方辗转上路。茅店的鸡鸣唤起行人的晓梦。漫漫人生，到如今已然过半，往后岁月又将

何去何从。

在济南未遇苏辙，等到了澶、濮间，二人才见。数载离索，虽有鱼雁寄书，难耐思情日浓，今番相见，情比路长。苏家兄弟情深义重，许多佳作都是彼此在牵念中写成。苏轼曾说："嗟予寡兄弟，四海一子由。故人虽云多，出处不我谋。"

人处世间，千金易得，知己难求，兄弟间引作知音的，更是绝世难求。古来玉树芝兰不多，一如曹家子弟，虽也俊秀，却是相仇相杀，难谓知己。唯有苏轼兄弟，相重相惜，情逸千古，犹胜陆机、陆云兄弟二人。

苏轼暮年，曾填词《满江红·怀子由作》记其情："孤负当年林下意，对床夜雨听萧瑟。恨此生、长向别离中，添华发。"

二人欲入京面圣，苏轼又接到新的徙知徐州的任命，未能成行，转往东城外范镇家留宿几日。后又同赴苏轼任处徐州住了三月。此期间，苏轼愈感日影如飞，人生仓促，写下《东栏梨花》："梨花淡白柳深青，柳絮飞时花满城。惆怅东栏一株雪，人生看得几清明！"

苏轼对人间物事看得太过透彻，故能道出世之语。世间百年富贵，不及一纸文章、一瓯闲茶，乃至一场花事。世人所思，总能找到回音，或相隔咫尺，或千里之外，终有一人在历史某个安静的角落为

黄 楼 岁 月

之等待，与你情怀相依。

河山浩渺，烟波荡漾，纵此生无可相见，亦有灵魂相知。若此心明澈，自可不问身外春秋，一往如初，成败喜忧皆微不足道。

熙宁十年（1077年）四月，苏轼携家眷抵达徐州，任知州一职。徐州与密州相比，当是富庶繁荣许多。从寂寞山城到山水明丽之地，亦是一种委婉的转变。

无论苏轼任职何方，都会在山水间留下许多美丽传说。他的诗情、气度，温柔地洒落在每一片他曾到过的土地。天地无私，待人待物尚有偏失，他却真诚，对万千民众，一样心肠。

自初至今，他数载为仕，外任之时，不是抗旱，即是治水。这年八月，苏轼刚上任不久，黄河决口，水困徐州，"彭门城下，水二丈八尺"。

这时城中富民争相出外避水，苏轼劝其返，并说："吾在是，水决不能败城。"苏轼深知水灾泛滥，凶猛无情，但他毫无畏惧，誓与一城百姓同生共死。

他亲荷畚锸，短衣徒跣，与城中军民一起筑堤救城，"庐于城上，过家不入"。次年重阳，苏轼写句以记其状："水穿城下作雷

鸣，泥满城头飞雨滑。黄花白酒无人问，日暮归来洗靴袜。"在众人的努力下，建起了东南长堤，水至堤下，害不及城，民心始安。

岂知夜雨不绝，洪水暴涨，几近倾城，后官民齐心协力，方保住城池。此次洪灾，让一城百姓身处生死之间近两月余。十月上旬，水归旧道，水位始退，城池方安。

秋日的洪水已让城民仓皇失措，狼狈不堪，谁知次年春天，又遇严重旱灾。"水未落而旱已成，冬无雪而春不雨。烟尘蓬勃，草木焦枯。"苏轼深悯乡民悲苦，往石潭祈雨，并写下《徐州祈雨青词》。待天降喜雨，灾情好转，苏轼往石潭谢雨，将行途所见之景尽入词中。

> 簌簌衣巾落枣花，村南村北响缲车。牛衣古柳卖黄瓜。
> 酒困路长唯欲睡，日高人渴漫思茶。敲门试问野人家。

其词格调清新明净，一洗艳丽之风，以诗入词，开一派词笔。辛弃疾"稻花香里说丰年，听取蛙声一片"，即从其意。原本绮丽婉转、伤感缠绵的宋词，亦有了自然简约、淳朴清远之境。

这年二月，朝廷遣派了人丁财物至徐州修建木坝。半年后，木坝近完工时，苏轼令人筑了一处楼台，高十丈余。取五行"水来土掩"之意，黄色为土，名为"黄楼"。

黄 楼 岁 月

冬日，苏轼领了宾客随从登云龙山，访隐者张师厚。旧年秋日大水毁了张君草堂，今春迁了居处，修放鹤亭。因张师厚闲养两只鹤，每日朝放夕收，故以命亭。

苏轼为其写《放鹤亭记》，说隐居之乐胜于做天子。隐士可放鹤，以增闲逸；卫懿公养鹤，却致亡国。遁世之士可痛饮，不问春秋；权贵却当酒为荒惑败乱之物，怎敢轻触。

尊贵之身，多有束缚；低微之人，反得其乐。可见天下忧乐之事，不论尊卑贵贱，一切所得，皆有前因。

苏轼借物以论，言尽隐士清远超脱之乐。次年春天，张师厚赴京殿试，苏轼相送，并写下："云龙山下试春衣，放鹤亭前送落晖。一色杏花红十里，新郎君去马如飞。"世人所羡，是寄身林泉的隐者，但又有谁真正放得下人间功贵？

苏轼在徐州不仅修建长堤以防水灾，而且加固了城墙，筑起黄楼。因此前水灾，粮食歉收，薪柴奇缺，是年又逢连降雪，不得干柴，百姓很是苦恼。苏轼深察其情，令人四处寻找石炭，终在白土镇觅得，开采以用，令民众无忧。他欣喜之余，写下《石炭（并引）》，以记其事。

他又写《徐州上皇帝书》，以论冶铁之事。因徐州富庶，常为盗

贼所窥，而兵卫不足，无法相护。故他彻夜难眠，费尽思量，"地既产精铁，而民皆善锻，散冶户之财，以啸召无赖，则乌合之众，数千人之仗，可以一夕具也"。

苏轼诸多努力，不为政绩，不求名利，他心系百姓，大爱无私。至今徐州还流传着一句话："古彭州官何其多，千古怀念唯苏公！"

在徐州的岁月，苏轼不仅忙于政事，还结交了许多文士，其中有秦观和黄庭坚。二人列在苏轼门下，加之从前相识的张耒、晁补之，名留千古的"苏门四学士"已然聚齐。

孙觉、李常皆为苏轼友人，他们与秦观熟识，曾以秦观文辞呈苏轼品赏。苏轼赞许其才，道他词句可比古人。秦观对苏轼，则是万分仰慕，拜谒时曾写诗以寄，有句："我独不愿万户侯，惟愿一识苏徐州。"字句之间，深见其情。

黄庭坚并未拜访苏轼，而是写了两首诗，毛遂自荐，执礼甚恭。苏轼在《答黄鲁直书》中，写他初见黄庭坚诗，赞其人为精金美玉，"耸然异之，以为非今世之人也"！

又赞他"意其超逸绝尘，独立万物之表，驭风骑气，以与造物者游，非独今世之君子所不能用，虽如轼之放浪自弃，与世阔疏者，亦莫得而友也"！

黄 楼 岁 月

　　谦虚之余，难掩内心真意。苏门四学士为一代才俊，不仅能文善墨，又皆是才品兼具之人。他们与苏轼相互成就，殷勤照应，恍若北斗映空，星辉共耀。

　　黄庭坚诗开江西一派，虽终身以苏门弟子自居，然其诗文造诣不弱苏轼，因此后世将他与苏轼并称"苏黄"。其书法作品，亦是名传千古，故黄庭坚与苏轼同列"宋四家"。

　　秦观词采风流，苏轼赞其"有屈、宋之才"。晁补之能文善诗，工书画，《四库全书总目》称"其词神姿高秀，与轼实可肩随"。张耒亦是高才之辈，犹工于诗。

　　在徐州，苏轼还留下一道经典美食"回赠肉"。后几经完善，成了著名的"东坡肉"。因当年洪灾，百姓感激苏公之德，杀猪宰羊以表谢意。苏轼推辞不过，亲自指点厨师将肉烧制，回赠百姓。其肉肥而不腻，酥香鲜美，深受百姓喜爱，被称为"回赠肉"。

　　《炖肉歌》中可见东坡的烹肉之法："慢着火、少着水，柴火罨焰烟不起，待它自熟莫催它，火候足时它自美。"

　　肴馔香醇，耐人回味，一如风土人情，令人眷念不舍。相比之前几段仕途光阴，徐州的这次别离，也许是他最伤感的一次。

他曾与满城百姓风雨相携，朝夕相处，抵挡洪水，同生共死。但人在宦海，自是漂浮不定，短暂的相聚，换取的终是长久的别离。

他半生漂泊，当看惯了圆缺，对成毁等闲视之，然而面对离别，仍是悲伤低郁。所幸，他还有词文，可寄心语。那日，苏轼含着悲情，写下《江城子·别徐州》。

天涯流落思无穷。既相逢，却匆匆。携手佳人，和泪折残红。为问东风余几许？春纵在，与谁同！

隋堤三月水溶溶。背归鸿，去吴中。回首彭城，清泗与淮通。欲寄相思千点泪，流不到，楚江东。

人世相逢，总是太过匆匆，有些人只能陪你一程，离愁便生；有些人携手几重山水，终将散场。

第十六章

乌台诗案

岁月多少迁徙，让人心生畏惧，
却不敢有哀怨。
无可躲避之时，只能假装平静，
任凭世事糊涂到底。

　　一场突如其来的大雨落在晚春的夜幕，似要洗净万物，不留痕迹。当下，唯有案几上的一盏茶，与我有亲意。那段宋朝的历史，在灯影下模糊不清，而我却要穿过茫茫世乱，找寻它的踪影。

　　苏轼似云，忽于山畔，忽于水涯，观之在天，临之不见。苏轼似雨，所到之处，山水有灵，百姓蒙泽。不知多少文辞惊动人心，几多山水故事留惠后人。

　　元丰二年（1079年）三月，苏轼自徐州移知湖州，并于四月底到

任。苏轼这时已经四十四岁，半世沧桑，满身风雨，无处搁浅。他与湖州刹那相逢，却留下一段深情。世上相逢，皆有奇缘，于人于物，一样相待。

苏轼来湖州上任途中，曾与秦观、道潜同游无锡惠山，并留句以记。不久后，因秦观疑其装聋，作诗以谑，苏轼思及身况，心生感慨，写了一篇《次韵秦太虚见戏耳聋》。其间有句："君不见诗人借车无可载，留得一钱何足赖！晚年更似杜陵翁，右臂虽存耳先聩……眼花乱坠酒生风，口业不停诗有债……"

苏轼自入仕，至今已二十余载，风骨犹在，然愈见清贫。今般年岁未老，却已耳聋，如此也好，对那些馋讥之语、凡庸之辈不闻不见，倒也清净。

然他读书太多，忧患亦多，虽是洒脱，偏又难以放下，故成了"口业不停诗有债"。若王弗还在，以她的机敏，定会多番劝诫和拦阻，或许可以免去一些祸端。这年秋天，因了文字，他险些丧命，只当作欠下的诗债，加倍偿还。

苏轼在杭州为官时，其表兄文同曾劝他："北客南来休问事，西湖虽好莫题诗。"文同与苏辙一般，深知苏轼弱处，于世不多防备，但有所思，尽入文中，以述其快。

乌 台 诗 案

这年初，文同病逝，苏轼伤心无比，泪流不止。后来写下《文与可画筼筜谷偃竹记》，以怀其情。文同曾与苏轼交流画竹之法，并告知苏轼："故画竹，必先得成竹于胸中，执笔熟视，乃见其所欲画者，急起从之，振笔直遂，以追其所见，如兔起鹘落，少纵则逝矣。"这便是"胸有成竹"的来源，亦是国画之妙法。

苏轼志向高绝，心若明月，皓洁自爱，原乃本性。一如其句："多生绮语磨不尽，尚有婉转诗人情。猿吟鹤唤本无意，不知下有行人行。"猿吟鹤唤，是天性使然，并未有意而为，却不知，山下有行人，听出异议。

众生芸芸，爱恨交织，恩仇相随。因苏轼名扬天下，为人敬仰，有那秦观之辈才学之士深慕之；亦有一些人深恨之，对其生恨的，有李定诸人。李定得王安石一手提拔，为了做官，他曾隐家丧不报，被司马光斥为"禽兽之不如"。

亦有些人，对苏轼无善亦无恶，沈括即是。他对苏轼，虽无嫉妒，心中却始终存有微妙芥蒂。当年欧阳修于汴京大赞苏轼文采，却令许多文人墨客颇为不欢。

沈括著有《梦溪笔谈》，也算是千古难遇的大才。当年赴杭州，神宗曾让他善待苏轼，况二人原是旧僚，苏轼并未提防。当他要求手

录近作，苏轼尽数与之。待沈括回朝，却将诗稿尽数批点，说是讽政之作。

对于沈括进言，神宗不多理会。乌台诗案，亦和沈括无多关联，他未曾参与。只是李定诸人论诗置狱，乃依照他旧时批点。苏轼本豁达之人，对此事并不怪罪他。

沈括不过给予提示，并未成实，然那些狭隘小人却计较于心。苏轼《湖州谢上表》有句"知其愚不适时，难以追陪新进；察其老不生事，或能牧养小民"。引发这次诗案的原因，与其说是新进之士倍感刺痛，莫如说是神宗皇帝一时快意。

神宗将变法失败之气尽数落于苏轼身上。变法派内部矛盾与日俱增，加之一直存在弊端，故而进展不顺。神宗亦欣赏苏轼才学，喜其文章，但在李定等人搬弄挑唆下，定其罪行。

御史台遣了人来，于七月底将苏轼逮捕，送至御史台监狱。待苏轼去后，御史台众兵卒趁夜围起苏家所乘船只，搜查书文。王闰之、王朝云及一应幼弱十分惶恐，怨道："是好著书，书成何所得，而怖我如此！"

兵丁去后，悉取焚之，将苏轼书烧去了大半。可怜多少辞华又流落人间，藏入草木山水，等候世人捡去。苏轼乃性情中人，胸怀坦

乌 台 诗 案

荡，不会隐恶藏奸，故在诗文间对人世不平难免讽刺悲叹。但他行文写句，从不为一己快意，而是诚心待人。

苏轼讥讽时事，直指新进，令许多人不悦。他们想方设法，欲将苏轼置之死地，以防他行文太过，阻碍前程。几番思量，忆起当年沈括曾进文，以言讽刺之事，便生了主意。

文字之博大精深，欲以污蔑，甚好着手。一句诗文，有千回百转之思；一篇文章，可染成五颜六色。那些人经过潜心钻研，找出苏轼几首诗，上奏弹劾，说："包藏祸心，怨望其上，讪渎谩骂，而无复人臣之节者，未有如轼也。"又说他："应口所言，无一不以讥谤为主。"

他们强词夺理，断章取义，皆为奸邪诡媚之臣、不善之辈。若无遮天蔽地之功、见风使舵之态，亦难得君王信任。自古忠奸有别：奸，为私；忠，则为民。

李定、舒亶、王珪等人，欲置苏轼于死地而后快。李定言苏轼"初无学术，滥得时名，偶中异科，遂叨儒馆"。心中无山水，不见秀丽，心中藏晦暗，多见污浊。李定之人，心中所藏皆阴谋诡计、富贵身名。

小人取利，多以忠义之名。故李定说："伏望陛下断自天衷，

特行典宪，非特沮乖愿之气，抑亦奋忠良之心，好恶既明，风俗自革。"他将自己说成忠良，为君为民。

潮湿的牢笼暗无天日，仿佛夜半孤灯下，可听见声声冷笑、阵阵哀号。苏轼居幽暗之处，数着看不到的朝夕，备受煎熬。所幸，因文名远播，亦有政绩，深受百姓爱戴，牢卒早有耳闻，未多刁难。

苏轼深信，他磊落清白，无所亏欠，遇事当是有惊无险。他与长子苏迈商妥，若有坏消息，送饭之时即送鱼来。这日苏迈因银钱用尽，需出京相借，托亲友送饭，却忘告知约定，结果送去一条熏鱼。

苏轼并不知其细，当日见鱼，疑事不妙，随即写下两首诀别诗。有句："是处青山可藏骨，他年夜雨独伤神。与君今世为兄弟，更结来生未了因。""梦绕云山心似鹿，魂飞汤火命如鸡。眼中犀角真吾子，身后牛衣愧老妻。"

李定诸人穷极所能，寻由力辩，唯恐神宗赦免苏轼之罪。然再多诬陷，终作徒劳，苏轼本是鸿鹄，云天之上，怎能轻易落入尘寰，为鼠辈所害。

仁宗皇后劝神宗："昔仁宗策贤良归，喜甚，曰：'吾今又为

乌 台 诗 案

吾子孙得太平宰相两人！’盖轼、辙也，而杀之可乎？”王安石也上书：“安有圣世而杀才士乎？”

在仁宗皇后和大臣们的干预与劝谏下，神宗心里动摇了，他亦赏慕苏子才学，遂下令对其从轻发落。

苏轼终免一死，于这年十二月出狱，贬谪黄州，任团练副使。轰动一时的“乌台诗案”就此销结。想必，此等结局令李定等人大失所望。皓皓明月，终见云天，岁寒之心，何惧霜雪。

苏轼出狱当天，有诗句：“却对酒杯浑似梦，试拈诗笔已如神。”“平生文字为吾累，此去声名不厌低。”写罢，念心性难改，一笑置之。

苏轼是清白的，在他入狱期间，湖州、杭州两地百姓怀其德政，请了道士和尚做道场，为他祈福转运，消灾解厄。

这次乌台诗案牵连甚广，与之相关的人都遭受惩罚。他们或被罚红铜数斤，或被贬至外地。驸马王诜因泄露机密给苏轼，且常与他交往，更是被免除一切官职。然无一人怨恨他。浮名终过眼，情意则久长。

苏轼于元丰三年（1080年）正月初一，与长子苏迈一同离开这无

所留恋的汴京，前往黄州。此去千里，山远水迢，祸福难测。

岁月多少迁徙，让人心生畏惧，却不敢有哀怨。无可躲避之时，只能假装平静，任凭世事糊涂到底。

第十七章

拣尽寒枝

没有了案牍劳形、俗事纠缠，
自有酒杯茶盏、辞采万千；
没有了功名利禄、应酬往来，
自有江风夜月、翠竹黄花。

"不如意处常八九，可与人言无二三。"人世艰辛，多少风雨浮沉、忧患险阻难以言说。栖栖于功名者，或因才力不足、运势不佳，一事无成。移心于情，偏又良缘难遇，千寻万觅，终致离索。

有些人遭遇磨难，易迷失本性，丢了信念；有些人却可在逆境中，体悟生命之妙乐。东坡居士便是那超脱之人，无论处何境，用哪种方式，他皆能从困苦中找到岁月的一盏清光。轻轻挥舞衣袖，即可化作庄子的鹏鸟，放下尘俗，飞去云天。

自他入仕匆匆二十余载，虽无高官厚禄，也算几多繁华。或历练史馆，以待升擢，或辗转江湖，谋福一方，可抒儒者之气。

这番入狱，命悬一线，再贬至黄州，任团练副使，算是他人生第一次重大挫折。苏子生平，与凡人到底不同，终是风雨不歇，如舟在水，漂泊无定。

虽今远行，仍惊魂未定，内心犹悸，惶然不安。那些伴在君侧的宵小之徒，又不知何时无风起浪，添了繁难。但他为人清正，行走于天地，无愧山河，无愧百姓。

晓行暮宿，白日有雅致风景相随，夜晚有温柔月色偎依。他才名远播，知交满天下，路上时遇故知，与之对饮吟句，虽处患难，却留许多风雅。

这年二月间，苏轼策马缓缓，抵达黄州。黄州地处偏僻，但水绕云接，景致宜人。风景原是渔夫手中的篙，是诗者笔下的墨，是浣女鬟间的发，也是雅士盏中的茶。

此番遭贬，如飞雀离笼，栖影自然。他已从一切苦厄中脱开身心，寻到最初的快乐。寄身黄州的东坡，远离官场浮华之事，以诗酒自乐。如元曲四大家之一白朴的曲中所说："不因酒困因诗困，常被吟魂恼醉魂。四时风月一闲身。无用人，诗酒乐天真。"

拣　尽　寒　枝

　　曾言高处不胜寒，今已低落尘埃，无荣无辱，省略了许多繁复。不必似从前那般出生入死，只需守着山月，静赏堤花，将闲愁拾捡，清风细捉。他铺纸濡墨，写下一首《初到黄州》。

　　　　自笑平生为口忙，老来事业转荒唐。

　　　　长江绕郭知鱼美，好竹连山觉笋香。

　　　　逐客不妨员外置，诗人例作水曹郎。

　　　　只惭无补丝毫事，尚费官家压酒囊。

　　相比之前的风华正茂，今般境况本即荒唐。因文字招惹是非，生出灾祸，生死一瞬，重返人间是一种觉醒。于是，他放下了喜怒哀乐，走落凡尘，感知寻常风物的鲜洁与明净。

　　长江绕郭，好竹连山，多少人穷尽一生，所要的不正是梅竹清风的闲逸、布衣素食的简朴？若可以，他愿以半生功名，换一世的诗酒清欢。

　　那年月夜，春风恰好，清光柔柔。苏轼步月而出，寻得诗境，写道："去年花落在徐州，对月酣歌美清夜。今年黄州见花发，小院闭门风露下。"

　　去年花落，风姿曾惊艳了楼台。今番远别，不见了那林花、那楼月，然其间景致不增不减，未因人来客往少改颜色。去岁的清香留在衣袂，凝于诗腕，竟无有那时心情。如今只愿，闭门小院，独赏幽芳，远离世态，不被惊扰。

君王不忍诛之，将苏轼贬至此处，是为了让他悔过自新。所言虽切，却要懂得隐忍，不可再畅言政事。天地清明，河山万里，他心事疏朗，何罪之有？有诗吟："我生天地间，一蚁寄大磨……剑米有危炊，针毡无稳坐。"

他将心思寄在儒道释之间，超脱一身，思身外之物："闲居未免看书，惟佛经以遣日，不复近笔砚矣。会见无期，临纸惘然。"

逆水行舟，不进则退，一如"工部文章老更成"。静水深流，世事多艰，可磨砺心志，虽沟壑难填，但充盈了心情。苏轼第一次文字上的境界超脱，是在密州，第二次，则在黄州。

在密州时他身为知州，深觉乡民之苦，一心为政，取得成效。他从为一己功名，到以民为重，只因见了天地众生，故词境豪放，肆意奔流。而黄州这次，则稳定了他在文学史上的地位，诗词文字冠绝千古。

苏轼在《黄州安国寺记》中写道："其明年二月，至黄。舍馆粗定，衣食稍给，闭门却扫，收召魂魄。退伏思念，求所以自新之方……"他反观过往，深知自己心性难改，怕来日复作，欲归诚佛

十年生死两茫茫，不思量，自难忘。

心似已灰之木，身如不系之舟。
问汝平生功业，黄州惠州儋州。

人似秋鸿来有信，事如春梦了无痕。

万里归来年愈少，微笑，
笑时犹带岭梅香。
试问岭南应不好，却道，
此心安处是吾乡。

拣 尽 寒 枝

僧，求一洗之。

于是，他常往城南安国寺，于茂林修竹间、陂池亭榭中焚香默坐。"深自省察，则物我相忘，身心皆空，求罪垢所从生而不可得。一念清静，染污自落。表里翛然，无所附丽。"

佛教人学会自醒，放下执念，不与人争，亦不在意世俗相扰。时势无常，不必顺之，也不要逆之，守着内心的清宁，于世间真心真意走过，便是庄严，自当无悔。

江山的兴盛皆有定数，虽与君臣相关，却也无多改变。遇繁华当含蓄内敛，处衰弱则唯谨恭正。世事有太多的不妥与欠缺，但成败得失，又都合情合理。佛经之美，实则也是诗词之美，亦是人世之美。

苏轼初到黄州，寄宿在定惠院，山僧修行之处多是宁静幽美。绕舍茂林修竹，郁郁葱葱，并那荒池蒲苇，萧萧瑟瑟。到了春夏之交，更有鸣鸟百族，一如天籁。

他到这里时，春光未半，人事静好，填下一首《卜算子》，以寄心志。

缺月挂疏桐，漏断人初静。谁见幽人独往来，缥缈孤鸿影。

惊起却回头，有恨无人省。拣尽寒枝不肯栖，寂寞沙洲冷。

黄庭坚跋云："东坡道人在黄州时作。语意高妙，似非吃烟火食人语。非胸中有万卷书、笔下无一点俗气，孰能至此！"

这一夜，似清霜未解，满天寒意，繁星若雨。残缺的月挂在梧桐树稀疏的斜枝间，苏轼悠然走过，如那不肯轻栖的孤鸿。这也是他路过红尘一向的姿态，清流如镜，不惹尘埃。

苏轼今在黄州任团练副使，官位低微，心意散淡。此后几年内，神宗或有意复用，常被朝中权要阻下，终未如愿。

神宗曾与宰相王珪说："国史至重，可命苏轼成之。"王珪面有难色，并不赞同，神宗无奈，后任命他人取代。又要移之汝州，并说："苏轼黜居思咎，阅岁滋深。人才实难，不忍终弃。"苏轼亦未曾成行，他之才高，被人妒怕，难以施展。

这年，苏轼开始了《易传》《论语》注解。繁星如沸，他是宋朝天空最明净的一颗，却被乌云遮了光彩。他在困境中收拾心情，亦回归自我，保持清洁。他寄心自然，往来宗教，在虚无与真实间，寻一份洒脱、一点清平。

拣 尽 寒 枝

苏轼初到黄州，李常曾写信安慰，其间多有悲意。苏轼反劝他道："吾侪虽老且穷，而道理贯心肝，忠义填骨髓，直须谈笑生死之际，若见仆困穷便相怜，则与不学道者，大不相远矣……"

"穷且益坚，不坠青云之志。"如今的苏子，贫困衰老，又有何妨？道理在心，忠义在骨，即可谈笑于生死之际。虽几经劫毁，再无年少时的飞扬跋扈，亦不坠青云之志。

苏轼在写给章惇的信中，却深有自责之语。他自言罪孽深重："而轼强狠自用，不以为然。及在囹圄中，追悔无路，谓必死矣。不意圣主宽大，复遣视息人间。"

历风尘霜雪，饱受艰辛的他，已非当时那个不知遮掩之人。虽本性未移，坚韧不改，却可择人而语，比之从前，更多几许沉静深邃。于知交友人，他依然坦荡相对，对那些疏远之客，则存警惕之心。

非他惧怕生死，故而隐忍，学会缄默不言，而是人生可贵，他还有才思未尽，文梦未圆，情债未了，怎可轻易赌气，困于荆棘，不得解脱？

苏轼身畔，不缺风雅，更不缺闲情。他可进可退，可仕可隐。居于下位，不怨；隐于江湖，无嗔。若为民劳苦，则欣然忘食；若挥笔

为书，则爽然快意。

没有了案牍劳形、俗事纠缠，自有酒杯茶盏、辞采万千；没有了功名利禄、应酬往来，自有江风夜月、翠竹黄花。

乱世中可见气概，凋年里仍是清扬。

第十八章

杖头钱疏

世人所争，不过是些琐碎之事、虚名微利，偏又奔忙不歇。万事早有因果，到最后，亦难分谁强谁弱，甚为可悲。

光阴贵重，人间有情，然春秋刹那，聚散总是匆匆。回首当年，酒温茶暖，月下花前，但当下忧患是这样真。

元丰三年（1080年）五月底，苏辙送东坡家眷到达黄州。夫妻久别，相见有悲，虽经坎坷，却更是亲密无间。人间的真情，于困境中更显珍贵。

不久后，举家搬至临皋亭，安住下来，红尘琐事，渐至无声。临皋亭本为一处驿舍，倚对江景，坐卧云边，供路过官员小憩之用。徐

太守欣赏东坡，知他喜好天然，故与其居住。苏轼一生多漂泊，但所到之处，与人相处甚恰，深受世人钦慕。

人间景致悠悠，山川湖海亦大致相仿。所不同的，是远行之心，游赏之意。若心中无山水，四时风物久见生厌。故世之过客，唯赏天外之美，而不觉眼前之秀。

临皋亭不过是寻常一处水居，矮矮屋舍，青青砖瓦，无丛花细竹、药圃芳栏，无交疏绮阁、画梁雕栋。然于苏轼眼里，此处乃人间净土，恍若仙境，可安身，可寄心。

"寓居去江无十步，风涛烟雨，晓夕百变。江南诸山在几席，此幸未始有也。"每当午睡初醒，江畔水汽氤氲，忘了置身何处。试卷竹帘，光影融在水岸，于坐塌之上，可望见江上风帆数点，水天相接，一片苍茫。

江水之美，美不胜收，寄目所观，似入画图。一波一漪，一舟一云，皆呈佳态。数千里烟波锦绣，似从此处承接，起于彼，收于此；几千载长江秀丽，似从此时浓郁，始于古，成于今。

他在《书临皋亭》中写道："东坡居士酒醉饭饱，倚于几上，白云左绕，青江右回，重门洞开，林峦岔入。当是时，若有思而无所思，以受万物之备。惭愧，惭愧。"

杖 头 钱 疏

又言："临皋亭下十数步，便是大江，其半是峨眉雪水。吾饮食沐浴皆取焉，何必归乡哉？江山风月本无常主，闲者便是主人。闻范子丰新第园池，与此孰胜？所以不如君者，无两税及助役钱尔。"

长江之水，半为峨眉雪水。苏轼是眉山人，水从家乡而来，共饮江水，自有亲意，亦为乐事。宋李之仪有句："我住长江头，君住长江尾。日日思君不见君，共饮长江水。"几多情意，流转千年，仍自让人心生柔软，缠绵不尽。

"江山风月，本无常主，闲者便是主人。"苏子之句，为众生所喜，只因他疏朗明亮，理直气壮，纵凡花俗草、简单物事，亦有其境界。世间闲者，胜过帝王将相，日子糊涂过去，不问圆缺，无谓兴亡。

但他仍有凡人的忧愁，摆脱不了生老病死。这几月内，苏辙子女夭折一人，苏轼家中乳母去世，眉山堂兄病逝。一时间，苏轼百感交集，又无能为力，只将这些事，写在与秦观的书信中："异乡衰病，触目凄感，念人命脆弱如此！"

落寞时，唯苏门学士，往来频繁，互诉衷肠。秦观在信中写道："以先生之道，仰不愧天，俯不怍人，内不愧心，某虽至愚，亦知无足忧者。"

苏轼为文，不藏悲隐恨，落笔皆是自然。身处逆境，也是悲怨分明，不强作欢颜，不凄凉荒落。虽知人生多悲，却不沉浸其间而消极处世。他时刻能从文中超脱，让读文之人亦觉凌然喜忧之外。

苏轼初到黄州，不仅坐蒲团读佛经，品佳茗赏光阴，还读《周易》《论语》等书，并用道书、方士之言，厚自养炼。他借得道观房屋，冬至后入内，养炼四十九日，并劝秦观为之。

苏轼在释道儒中寻到心灵的归处，觉天地万物妙意无限。他希望能从其间觅安静之所，以免寄心当下，再惹祸端。

文字如水，可载舟，亦可覆舟。"但得罪以来，不复作文字，自持颇严。若复一作，则决坏藩墙，今后仍复衮衮多言矣。"灵思汹涌，他却极力压制，不敢轻易流淌，怕才如江涛，滚滚难息。

在黄州，苏轼俸禄甚低，家中人口众多，自觉支撑难久，数米而炊，限钱而用。每月初，取出四千五百钱，断为三十块，挂于屋梁上，晨起时用画叉挑取其一，再藏起画叉。将当日用不尽的，另寻竹筒存起来，留为待客之用。

尽管如此省俭，所剩钱财，仅可供一年有余。然这些困窘之事于苏轼而言，微不足道。世景荒芜，众生百态，又有几人得享真正的安稳？"至时别作经画，水到渠成，不须预虑。以此，胸中都无一事。"

杖　头　钱　疏

苏轼有许多良朋益友，或为他杀鸡炊黍，数日不厌；或于村店置酒，相邀醉去。更有岐亭监酒，藏书万卷，随意借取；黄州官员，家善厨艺，又喜待客。"太虚视此数事，吾事岂不既济矣乎？欲与太虚言者无穷，但纸尽耳。展读至此，想见掀髯一笑也。"

秦观读罢，心中释然。他知苏轼喜友多朋，且人品清绝，自不缺扶助。亦因其如仙心性，故四学士一生追随，以弟子自居，尊之慕之。

黄州时期，苏轼在书画方面颇有所得。他乃画中圣手，尤善墨竹树石。于绘画，苏轼深会王维"诗中有画，画中有诗"之技法，空灵清远，并拓展其境，更得深韵。

画与诗，如石竹相倚，梅雪相知，本自相通。诗，工在诗外之言；画，亦妙在画外之意。于数行间，写尽诗思幽怀，字止于合，情止于言，原不谓工；于片纸间，细绘画墨情景，山尽于色，水尽于纹，亦不谓妙。胸有成竹之法，则是先成画于心，后绘入纸上。

他在《书蒲永升画后》，细述"死水"与"活水"之异，亦转言"形似"与"神似"之别。须得画意，方得妙境。古今画水，多作平远细皴，善用其技之人，不过画出波浪起伏之状。用手细触，有凹凸不平之意。此种画法，只是在技法和纸张上有所优劣，与画意无关。

艺人本非画师，二者不同。艺人重于技，能描摹古卷，可绘草木山水，却难出画外之意，才力不足之故。画者重于意，若无境界的铺笔，不过是装饰图卷，而非画作。

在画水方面，到了唐代隐士孙位方出新意。"画奔湍巨浪，与山石曲折，随物赋形，尽水之变，号称神逸。"这时的水，成了活水。随着山石形态，赋予不同的水形，穷水之变化。

蒲永升画的水，亦宗其妙，他曾与苏轼作了二十四幅画。每至夏日，苏轼将之挂于室内，顿觉凉风袭来，暑气尽消。善画水者，感其灵逸；善画牡丹者，临闻清香；善画墨竹者，必有风意。

苏轼既善书画，天下书家画师，多慕名而至。著名书法家米芾，那时年仅二十二岁，途经黄州，亦前来拜访。苏轼酒酣，让他贴纸于墙，为他画了两枝竹、一枯树、一怪石，送以留念。

那时米芾字虽善，比起苏轼，犹然不如。苏轼观其字墨，提出建议，让其专学晋人。米芾听从其言，穷尽资财，搜集晋人书帖，如王羲之《破羌帖》等，苦练数载，于书法上大有作为。

数载后二人重遇，游览金山时，有人请苏轼题字，苏轼说有米芾在，何须他人。米芾念着旧事，谦虚道："某尝北面端明，某不敢。"苏轼笑说："今则青出于蓝矣。"

杖 头 钱 疏

东坡的《黄州寒食诗帖》于书法史上颇负盛名，被称为"天下第三行书"。此帖为苏轼撰诗并书，是其被贬至黄州的第三个寒食节所作。

> 自我来黄州，已过三寒食。
> 年年欲惜春，春去不容惜。
> 今年又苦雨，两月秋萧瑟。
> 卧闻海棠花，泥污胭脂雪。
> 暗中偷负去，夜半真有力。
> 何殊病少年，病起头已白。
>
> 春江欲入户，雨势来不已。
> 小屋如渔舟，濛濛水云里。
> 空庖煮寒菜，破灶烧湿苇。
> 那知是寒食，但见乌衔纸。
> 君门深九重，坟墓在万里。
> 也拟哭途穷，死灰吹不起。

古来诗词，多是遣兴寄怀，感叹人生，描摹心情，或苍凉孤独，或潇洒肆意。他内心孤独多情，却以行书方式写就，气势奔放，飞扬秀逸，疏密有致，意蕴深厚。

正如黄庭坚在此诗后所跋："此书兼颜鲁公、杨少师、李西台笔

意，试使东坡复为之，未必及此。"

世人所争，不过是些琐碎之事、虚名微利，偏又奔忙不歇。万事早有因果，到最后，亦难分谁强谁弱，甚为可悲。

苏轼不愿与人相争，且趁闲身未老，疏狂谋醉，再不忧愁风雨，更不论短长。在这江畔水居，赏闲云变幻、风涛烟雨，有酒有诗，岁月无羁。有词《满庭芳》，见其当时心境，甚是轻狂美好。

> 蜗角虚名，蝇头微利，算来着甚干忙。事皆前定，谁弱又谁强。且趁闲身未老，须放我、些子疏狂。百年里，浑教是醉，三万六千场。
> 思量、能几许？忧愁风雨，一半相妨。又何须抵死，说短论长。幸对清风皓月，苔茵展、云幕高张。江南好，千钟美酒，一曲《满庭芳》。

世上的繁华是不是他的，都不要紧。坐朝堂叱咤风云，或贬江湖对饮山水，于他都是慷慨。他的心中，因为有了辞章而无愁无惧。

苏子的人生有一种坚执，他执于豁达，执于潇洒。喜欢他的人，不必与外界有太多的往来，读几首诗、一卷词，便解脱了悲欢，淡忘了荣辱。

第十九章

居士风流

从此，一蓑一笠，行于红尘，不纠结，亦不徘徊，任是风涛急浪，且由它，不论晴雨，无惧死生，再不为外物所累。

平生最怕黄昏，又最喜黄昏。惧是因内心寥落、多年漂泊所致，纵处安稳仍觉荒芜，常生悲感；喜则是万物慢慢落下白日的粉尘，有一种不争的宁静，以及日落后的众生皆有了归宿，倍觉稳妥。

孟子说："君子有终生之忧，无一朝之患也。"世人皆有忧惧，有感叹，也有惆怅。男子的忧兼济天下，而女子的忧则是一段光阴交织的缠绵。

今年春天，似乎还来不及赏花事、游风光，即已深浓。日子如一

壶夜间冲彻的茶，品茶之人在柔和的灯光下，沉静清润，不与世争。纷纷悲喜皆关于门外，人间无聚散，亦无机缘。

《围炉夜话》里有句曰："清贫乃读书人顺境，节俭即种田人丰年。"千古人情，一般相同，清贫让人心思纯净，不生杂念，更见修为。唐代的杜工部、宋时的苏东坡，皆是如此。

杜工部飘零一生，文章老更成。苏轼到了密州之后，历了沧桑，诗词方逐渐走上巅峰。命运的宽厚与风度，即在于此。繁华落尽，得见真淳；富贵散去，则有文章；抛掷虚名，收获岁月。

樵夫耕种，浣女纺织，都是人世之景，让人心里欢喜，不见悲情。日子简约，不妨碍诗情，三千年前的"诗经世界"便有这般雅意。

江水之畔风景迷离，在古老禅意中，花落花开。苏轼望着漫漫江水，守着清贫，安稳度岁。昨日风云消散，朝野之事、权贵之争，早已离尘远去。

元丰四年（1081年），苏轼日益贫困，初时的杖头钱也将尽，真可谓"先生年来穷到骨"了。再多的顾虑，也无算计处，以至"刮毛龟背上，何时得成毡"。苏轼旧友马正卿见其贫状，替他说情，向官府要了数十亩废弃田地，让他耕种。

居 士 风 流

这片土地，坐落在黄州城外东坡上。此处因荒废时久，遍布瓦砾野草，又逢大旱，愈发难耕。苏轼荷锸扛锄，领着家中老幼，晨夕劳作，勤勉开垦。

苏轼于此，始得田园之味，将这里取名为"东坡"，并自称"东坡居士"。自耕自种，自收自获，虽艰辛困苦，却有着简单的快乐、相守的幸福。

开垦之余，闲住临皋亭，守着如诗岁月、流水华年。这时的朝云已经十八九岁，不似初时的豆蔻身姿，出落得貌美如花，孤标绝尘。苏轼将她收为侍妾，自此比以往更是相亲。

女子嫁俗夫，若不反目，必染其俗；村女嫁诗客，若不相厌，必匀其雅。朝云虽为杭州歌妓，然她自十二岁入苏家，得诗书熏陶、词酒浸润，这时已是知书达礼、端然秀慧。

东坡因有了朝云的温柔相伴、红袖添香，诗文更见情深。才子佳人之性情本最为相近，朝云便是苏轼的红颜知音。

这日，花飞春暮，苏轼对看江云，取杯独饮，见景生情，写下了《南乡子·春情》。

晚景落琼杯，照眼云山翠作堆。认得岷峨春雪浪，初来，万顷蒲萄涨渌醅。

　　春雨暗阳台，乱洒歌楼湿粉腮。一阵东风来卷地，吹回，落
照江天一半开。

隔岸的云山上一片葱茏，万千绿意落入琼杯。这些峨眉雪水行走
千里，初来临皋亭前，仿佛万顷葡萄美酒，任人品酌。

暮雨如丝，乱洒楼台，打湿了朝云的粉腮。一阵风来，将雨云吹
去，夕阳从云隙露出，染红了江水，映透了天空。

不觉柳花飞时，章质夫出任巡按，于这年四月出为荆湖北路
提点刑狱。苏轼因他曾作柳花词，故次韵一首，风流辞笔，写尽
春光。

水龙吟·次韵章质夫杨花词

　　似花还似非花，也无人惜从教坠。抛家傍路，思量却是，无
情有思。萦损柔肠，困酣娇眼，欲开还闭。梦随风万里，寻郎去
处，又还被、莺呼起。

　　不恨此花飞尽，恨西园、落红难缀。晓来雨过，遗踪何在，
一池萍碎。春色三分，二分尘土，一分流水。细看来，不是杨
花，点点是离人泪。

苏轼词素以豪放著称，而这首《水龙吟》却是婉约至极。其间柔

肠百转，细腻情思缠绵幽怨，不弱易安词笔。

似花非花，没有娇颜羞色惹人怜取。如同清洁的苏轼，不肯钻营，飘零江湖。它虽无情，却亦有思。唯梦随风去处，一似杨花，飞尽枝头。晨雨过后，那些离思化作满池萍影，从此各自天涯。

万里春光何处去，化为三分，二分归于尘土，一分归于流水。细看来，那些不是杨花，点点滴滴，是离人之泪。

这一年苏轼躬身劳作，种稻植桑，围竹莳橘，虽筋骨劳累，却怡然自乐。"某现在东坡种稻，劳苦之中亦自有其乐。有屋五间，果菜十数畦，桑百余本。身耕妻蚕，聊以卒岁也。"

苏轼喜清逸出尘之人，认定陶渊明为他前世之身。"梦中了了醉中醒，只渊明，是前生。"故将此身，也比作归来人，写下《归去来集字十首》。其间有句："归去复归去，帝乡安可期。鸟还知已倦，云出欲何之。入室还携幼，临流亦赋诗。春风吹独往，不是傲亲知。"

既认前身，又作《归来引》："归去来兮，世不汝求胡不归？"既然当世不需要，何必纠缠，莫如归去。与其寄志俗流，终不若"共雪堂之清夜兮，揽明月之余辉"。

苏轼于晚年几乎和遍陶潜诗，亦得东篱真韵。此生守着南山，醉卧东篱，是多少文人墨客、勤于俗事之人毕生所愿。然而，红尘碌碌，各自疲于奔走，又有几人如愿？许多人在迷茫的路径寻不到终点，许多人在浮华的名利中大醉了一回。

宋代乃回文诗创作的鼎盛时期，苏轼亦喜回文诗。他的《菩萨蛮·回文 夏闺怨》，构思巧妙，犹见风韵。

柳庭风静人眠昼，昼眠人静风庭柳。香汗薄衫凉，凉衫薄汗香。

手红冰碗藕，藕碗冰红手。郎笑藕丝长，长丝藕笑郎。

苏轼关于茶的回文诗有《记梦二首》，则是通篇回文。从最后一字往前读去，亦成一首诗，情境美妙，极为别致。

空花落尽酒倾缸，日上山融雪涨江。
红焙浅瓯新火活，龙团小碾斗晴窗。

窗晴斗碾小团龙，活火新瓯浅焙红。
江涨雪融山上日，缸倾酒尽落花空。

回文诗，作为一种特殊诗体，被诗人取为消遣之意。虽在境界上失了诗之本意，灵巧有余，韵味有限，然而趣味浓郁，可见诗者绝妙之思，以及其对文字之驾驭能力。

元丰五年（1082年）初，苏轼在东坡筑起一处堂舍，因建成时逢雪，故名"雪堂"。

苏轼于厅堂四壁绘雪，以增其韵。起居之间，朝夕之时，四见皆雪，真谓"得其所居"。苏轼将此处用以宴请宾客，不知多少风雅于此添成。风静日闲时，他写下《雪堂记》以记其事。

多年后，陆游来访，曾记画中景象。雪堂门前，有细柳一株，舒风动舞，小井一围，静悄无波，亦有寒泉映月，桃花溢香。雪堂之下各种农作物，稻麦成行，枣栗皆有。这里的食蔬，够苏轼一家取用，亦算了却一桩心事，让他更有闲暇谈诗论文。

这一年开始，苏轼度过了一生中最风华的时期。许多佳作，皆在近两年完成，千古文坛无东坡而不兴盛。此时的他，依然有着儒家的兴忧之叹、道家的逍遥自在、佛家的禅定空无。亦因此，他的文字既不颓废，也不虚渺，更不枯寂。

正月二十日，春风未满、翠韵难成之时，苏轼曾与二友人一同出郊寻春，记着前韵，又作诗一首。

东风未肯入东门，走马还寻去岁村。

> 人似秋鸿来有信，事如春梦了无痕。
>
> 江城白酒三杯酽，野老苍颜一笑温。
>
> 已约年年为此会，故人不用赋招魂。

"人似秋鸿来有信，事如春梦了无痕。"未曾经历风雨世乱的人生，难以深邃，亦不完美。如今的他，沽酒游春，安于山水自然之趣乐，亦喜朴素纯净之民风。过往之忧，所历之劫，早已淡忘，恰如一场春梦，了去无痕。

真正超脱潇洒的，是这年三月七日苏轼与友人一同行走于沙湖道上所写下的《定风波》。

> 莫听穿林打叶声，何妨吟啸且徐行。竹杖芒鞋轻胜马，谁怕？一蓑烟雨任平生。
>
> 料峭春风吹酒醒，微冷，山头斜照却相迎。回首向来萧瑟处，归去，也无风雨也无晴。

人世无常，任它阴晴圆缺、聚散离合。与其怨天恨地、怪风嗔雨，不若吟啸徐行。听雨打细叶，萧瑟有声，胜比天籁。赏雨中烟景，美若图画，漫起诗思。

想他一身功名，初被圣上赏识，有心史馆历练，以用天下。谁知，后经几番颠簸，恼了权贵，招惹诗案，几至丧命。更到今时，沦

居 士 风 流

落江湖，身居微职，命似飘萍。

　　风雨过后，天地皆润，万物清朗，翠意无垠。初到黄州，苏轼惊魂未定，强敛文辞，忍藏笔锋，借三家经典，以寻心之安处。及杖头钱疏，数米而炊，到后来躬耕东坡，少解贫状。当下，已去尽岁月锋芒，静若水流。

　　放下过往，收拾心情，不再为得失憾恨，为旧事停留，亦不去强颜欢笑，随波逐流，而是一身如鹤，任迹潇洒。竹杖芒鞋，谁怕？一蓑烟雨任平生。

　　这时的苏轼，彻底摆脱了过去。从此，一蓑一笠，行于红尘，不纠结，亦不徘徊。任是风涛急浪，且由它，不论晴雨，无惧死生，再不为外物所累。

第二十章

泛舟赤壁

忘记人世的庄严，忽略岁月的恭正，
只借一叶小舟，自此消逝，
泛游江海，寄付余生。
人生如有归处，不是山川，即是江海。

春日迟迟，岁月舒缓则好；红尘碌碌，日子简约即安。寻常的人家，倚山对水，栽桃植柳，煮茶酿酒，处尘寰深处，却远离喧嚣。

人世之美，是飞絮洒落闲庭，鸟雀栖居屋檐；是门外细雨初过，深巷卖花声声。守着几寸光阴，不必思虑虚名，不争冷暖朝夕，当是修行，方得真趣。

苏轼在黄州过上了他想要的隐居生活。心有诗情画意，无公务累

泛 舟 赤 壁

身，堪比东篱逸客，自是南山闲人。且尝山中月，可品江上春，聚于
雪堂，红炉煮酒，耕于东坡，亲近田园。若无贬谪，便无清闲时日，
亦无惊世词句。

元丰五年（1082年）三月间，苏轼于春夜时行于蕲水之上。时
月色蒙蒙，光映堤柳，岸边百花盛妍，清香拂袖。苏轼见水畔一处酒
家，入饮几杯。诗酒花月，暖意熏人，芳影待客，不觉醉去。

行至一小桥上，醉卧歇息，不觉梦入罗浮，待到醒来，已是
春晨。身畔百鸟争喧，蝶舞双飞，更有乱山拥簇，流水淙淙，非似
人间。

苏轼对景得句，取笔写在桥柱之上，留下风雅。当日在杭州，他
曾书遍山水，增秀西湖，今又提笔溪桥，亦让春月生辉。

西江月

照野㳽㳽浅浪，横空隐隐层霄。障泥未解玉骢骄，我欲醉眠
芳草。

可惜一溪明月，莫教踏碎琼瑶。解鞍欹枕绿杨桥，杜宇一声
春晓。

心存雅意柔情，故而万物皆有诗心，易生感慨，常涌佳句。明月
溪山，绿杨春晓，但凡有风景之处，多有闲情。苏轼从不轻易虚度时

日，他虽在风华之时受挫，却把乏味的日子过出新意。

当下的他功名已定，富贵难成，但他尽其所能，寻求另一种境界，不至于岁月荒失。他唱："谁道人生无再少？门前流水尚能西！休将白发唱黄鸡。"门外山水明净，春光依旧，大江东去，豪情万千。

这年七月，苏轼游黄州赤壁矶，对着滔滔江水心生怀古之思，随即写下了千古名作《念奴娇·赤壁怀古》。

> 大江东去，浪淘尽、千古风流人物。故垒西边，人道是、三国周郎赤壁。乱石穿空，惊涛拍岸，卷起千堆雪。江山如画，一时多少豪杰！
>
> 遥想公瑾当年，小乔初嫁了，雄姿英发。羽扇纶巾，谈笑间、强虏灰飞烟灭。故国神游，多情应笑我，早生华发。人生如梦，一尊还酹江月。

此篇词作气象恢宏，虽为感怀之作，却非壮志未酬之叹，被后人称为"乐府绝唱"。一首《念奴娇·赤壁怀古》，一改先前词风，起豪放一宗，端坐于词坛之上。它的境界超越了一切功名富贵，美到无言。

古来词作万千，唯有毛润之《沁园春·雪》可与之气势相匹。可

泛 舟 赤 壁

见胸中无百万雄兵，不能为伟人语。

整篇入笔写当年豪杰，雄姿英发，展尽风流。到了苏轼这儿，却是华发早生，功名难就。世间英雄本无几，纵是穷途末路，一生潦倒，亦可心事阔达。

岳飞《满江红》有句："莫等闲，白了少年头，空悲切。"岳飞之悲壮，乃是于家于国，非为个人得失，故能名留千古。苏轼的"一尊还酹江月"，则为豪壮——坦然接受了功名未立，然又不甘沉沦，勇于进取之气概。

这时的苏轼放下了许多，亦接受了许多。他的心从万般顾忌中恢复了平静，不复躲避，安然自在。几番游赤壁矶，除了这首《念奴娇》堪称名作外，还写成两篇《赤壁赋》，惊艳千古。

是年七月十六日，苏轼与客人泛舟赤壁，江面上清风徐徐，平静无波。二人饮酒诵诗，追古人风雅，此种夜游雅兴，多被时人效仿。

一轮素月起于东山，徘徊在星辰之间，愈见皎洁。江上白雾笼罩，袅袅淡淡，水色接着天光，澄净空阔。二人坐在小舟上，行于万顷江波，乘风穿梭，任随东西，不知所止，又似离开尘世，羽化成仙。

世事随之远去，淡淡江波洗却了一切烦忧。后人心中，这片江面澄澈无垠，可寄志清宁，不异陶潜笔下那座可以隐居的桃花源。此等纯净文字，唯心中无一点红尘烟火之气，方能写出。

"于是饮酒乐甚，扣舷而歌之。歌曰：'桂棹兮兰桨，击空明兮溯流光。渺渺兮予怀，望美人兮天一方。'客有吹洞箫者，倚歌而和之。其声呜呜然，如怨如慕，如泣如诉，余音袅袅，不绝如缕。"

苏轼与客问答，回念赤壁旧事，细说当年盛况。曹操乃一世之雄，方破荆州，取江陵，顺着江水往东，"舳舻千里，旌旗蔽空，酾酒临江，横槊赋诗"。然而，终被周瑜围困，大败而去。多少风流人物，都成了云天烟水，命运无常，历史只是多了一个过客而已。

不管是王侯将相，还是渔父樵子，又能怎样？千百年后，又去了哪里？世人有太多的壮志雄心，未了功名，偏偏人之渺小，如沧海一粟，失之无痕。纵一生时光，在岁月面前，不过如蜉蝣般一朝一夕罢了。

江水悠悠，千载未绝，明月朗朗，盈虚有数，虽它们变化无常，却并不曾增减。若以事物易变来看，天地万物皆在变幻，不曾歇止；若以事物不变来看，则万物与人皆是永恒静止。苏轼将心寄在物外，出于红尘，俯瞰今古。

泛 舟 赤 壁

再多的身外之物，若非己有，得之无益。"惟江上之清风，与山间之明月，耳得之而为声，目遇之而成色，取之无禁，用之不竭。"也许，只有取明月佐酒，采红霞入诗，愉悦身心，才是从无常中寻到永远之良策。

造物有情，恩赐世人太多美好，唯存朴素，不改初心，方是对其最好的偿还。对饮人醉了，醉在七月水景中，醉在苏子妙文间，醉于千古烟波里。三个月后，苏轼重游赤壁，写了一篇《后赤壁赋》。

黄州岁月清贫依旧，风采不减。那些稀疏的杖头钱，已经所剩无几。幸有东坡田园，稍可解饥。这日苏轼与两位朋友自雪堂归来，过黄泥坂，仰见明月，行歌相答。所遗憾处，虽有雅客，无有酒肴，难度良宵。

一位客人寻来鱼，苏轼觅得酒，三人携了鱼酒，再游赤壁。这时江水落下许多，巨石隐露，让赤壁更显高耸。四处风光已与旧时大不相同，几乎难以辨认。

苏轼试图趁着月色登攀赤壁，友人不肯，他执意独自前往。一路披荆斩棘，行至最高处，放声长啸，唯草木震动，山谷回应，风起水涌，并无人声以答。

想来此等空落与悲凉，唯有走过，才能深会。而苏轼，曾登临月

殿，绝于人间，却是高处不胜寒。他虽有知己良朋、佳人红颜、诗酒文章，然内心有一个微妙的角落始终藏着一缕孤独。

他回到了舟中，回到了人间，解开缆绳，任小舟随波荡去。忽有孤鹤飞过，戛然长鸣。一时客散，苏轼至家中，做了一场梦，有两位道士问他今番游赤壁是否愉悦。一时梦醒，不见其处。

借梦访仙，终是虚事，那种超越世外之情，却是苏轼一生的追寻。两篇《赤壁赋》，写出了他在黄州时期所体悟的超然情怀。此番闲情，穿越千古，飘逸且清明。

这年九月间，苏轼曾夜饮归晚，回至临皋亭。敲门不应，倚着藜杖，听水流之声，并写下一首《临江仙》。

> 夜饮东坡醒复醉，归来仿佛三更。家童鼻息已雷鸣。敲门都不应，倚杖听江声。
> 长恨此身非我有，何时忘却营营。夜阑风静縠纹平。小舟从此逝，江海寄余生。

人在世间，大多栖栖遑遑，为着俗事忙碌不止。静心而思，亦不知所为何。只想着某个时节放下一切，却发现此身并非我有。多少纠缠牵挂，多少功名未了，让人脱离不开，难以忘却。

泛　舟　赤　壁

　　"小舟从此逝，江海寄余生。"何等潇洒，何等快意，若非畅然大醉，若无夜半江流，亦无此情态，无这慷慨。

　　忘记人世的庄严，忽略岁月的恭正，只借一叶小舟，自此消逝，泛游江海，寄付余生。人生如有归处，不是山川，即是江海。

　　若可，我亦想散尽一切，不要名利，也不要故人，孤身远去，四海漂流。

第二十一章

浮生清凉

庭下水、水中藻，
不管世上沉浮，依然是它初时姿态。
天边月、楼头云，
无意人生离合，一任圆缺卷舒。

○
●

　　光阴逝去，总在不经意间。回首处，一切景致已换，人事皆非。若想于时光里留下什么，待到多年后再来拾取，定是徒劳。时光宛如清风，穿越所有，经过之处，点滴无存。唯留一点记忆，似有似无，如烟如梦，飘荡迷离。

　　历史是青山，众生如草木，千年光影不过一瞬，真实的是与万物同在的每个朝夕。雅士的追求与樵夫无异，帝王的悲喜与百姓亦相似，同在日月山川里，相亲相宜，又相怨相负。

浮 生 清 凉

苏轼在东坡田园收获了几番稻麦、几季菜蔬，过着男耕女织的平凡生活。有妻妾子女，有茶酒诗词，还有江上明月、山外飞云，任取任得，毫无保留。

和一段山水相遇，不在一朝一夕，而是前缘早定。曾经，我亦随了江涛，为访一帘烟雨而来。自此，守着满山的梅，再也没有离开。数载临川岁月已成往事，再回首处，不知可算太湖之人？

苏轼寄身黄州，吟诗写文，倾杯推盏，不觉已是第四个年头。虽清贫赋闲，然田园风光大美，以先生之悟性，当可深品其味，自得真乐。

于雪堂，挥洒几篇文章，在临皋亭，卷几轴山水，皆为雅事。元丰六年（1083年）五月，在友人帮助下，苏轼又于临皋亭南畔筑三间房舍，名之"南堂"，并写组诗以记心情。其一为：

扫地焚香闭阁眠，簟纹如水帐如烟。
客来梦觉知何处？挂起西窗浪接天。

五月水畔，已有淡淡暑气晨夕往还。能在近水处，起一处房舍，扫地焚香，闭门昼眠，令人心驰神往。清凉似水的竹席，柔软如烟的纱帐，于简净风日，忘却尘事，一梦南柯。

忽门外有客人来寻，惊醒了苏轼昼梦，身心愉悦之时，竟忘了身在何处，是何年岁。推窗远望，江水映着云影，浩渺无边，大浪接天，一如他旷达而超然的内心。

黄州几年，苏轼除了与季常交往甚欢，还与许多好友常有书信来往。日间相处，有个张怀民，也是被贬黄州，这年六月于江边建起一亭，苏轼名为"快哉亭"，并作《水调歌头》以贺。

> 落日绣帘卷，亭下水连空。知君为我新作，窗户湿青红。长记平山堂上，欹枕江南烟雨，杳杳没孤鸿。认得醉翁语："山色有无中。"
>
> 一千顷，都镜净，倒碧峰。忽然浪起，掀舞一叶白头翁。堪笑兰台公子，未解庄生天籁，刚道有雌雄。一点浩然气，千里快哉风。

快哉亭临江边，伫立窗前，卷起绣帘眺望，落日余晖洒满江畔。亭下江水与碧空相接，不禁让苏轼念起旧事，往岁在平山堂，斜靠枕席，赏望江南烟雨。远方天际，有孤鸿出没，渺渺冥冥。深会欧阳修诗句"山色有无中"之境。

水面广阔，明澈如镜，山峰翠影倒映其间。有一渔翁撑了小舟，于风浪中穿行。江风起处，不由想起宋玉的《风赋》，他不解庄子天籁之说，偏说风有雌雄。其实，一个人若心藏浩气，自能出离身外，

浮 生 清 凉

深会"长风千里"带来的无穷快意。

长江浩渺的烟波，恰合苏轼寄托文思。寻常一处亭台，得其词笔润色，亦是风光妍和，传芳千古。

苏轼在黄州的山水间扶醉而行，自在不拘，成了谪尘的仙客，成了东坡的隐士，亦成了江上的渔夫。后来离开黄州，于行途中填了一首《调笑令》，深得隐趣。

渔父，渔父，江上微风细雨，青蓑黄篛裳衣。红酒白鱼暮归。归暮，归暮，长笛一声何处。

无雅非居士，无句不黄州。苏轼一生，原是风雅一生，黄州岁月，更是佳句如涌。这年夏末秋初，苏轼行走在黄州城外，望着远景近雅，顿生灵感，写下《鹧鸪天》一首。

林断山明竹隐墙。乱蝉衰草小池塘。翻空白鸟时时见，照水红蕖细细香。
村舍外，古城旁。杖藜徐步转斜阳。殷勤昨夜三更雨，又得浮生一日凉。

词客之心，因风景而明丽生动。自然的山水画卷再多妙意，若不遇雅士，亦属寻常。苏轼所见，则是远方层林重叠，有山峰耸立，近

处翠竹丛丛，堪隐茅舍。

有蝉鸣声声，衰草飘摇，小池清润，白鸟时而飞过，水畔荷香拂来。于这村舍外、古城旁，一位居士曳杖徐行，不觉夕阳漫天。整幅笔墨清淡洁净，宛若昨夜三更那场细雨，消去人间暑气，留得浮生一日清凉。

苏轼之文，不论何题，总有那么几句读来清爽宜人。简单的言语、朴素的词句，经他轻描淡写，便有韵致，生了意境。

黄州岁月，远避尘喧，伴江水白云，他俨然是一个与世无争的樵子。正因了这段远离名利的闲散光阴，他写下数篇锦绣文章，辞采高绝，笔著千秋。

这时的朝云已身为侍妾，点就桃颜芳岁好，画来眉色为卿卿。她伴着苏轼风雅度岁，与之甘苦相随，对他千依百顺。于生活诸事，她从不责怪，亦不规劝。

九月间，朝云生下一子，取名为遁。苏轼为他举行洗礼时，作诗自嘲："人皆养子望聪明，我被聪明误一生。惟愿孩儿愚且鲁，无灾无难到公卿。"才华若仙的苏子，内心深处却渴望平凡。因为只有庸常，方能远离是非灾祸。

浮 生 清 凉

到了这年冬天，某夜，苏轼见月光清朗，顿生游兴，后写得一篇佳文《记承天寺夜游》。

元丰六年十月十二日夜，解衣欲睡，月色入户，欣然起行。念无与为乐者，遂至承天寺，寻张怀民。怀民亦未寝，相与步于中庭。庭下如积水空明，水中藻荇交横，盖竹柏影也。何夜无月，何处无竹柏，但少闲人如吾两人者耳。

庭下水、水中藻，不管世上沉浮，依然是它初时姿态。天边月、楼头云，无意人生离合，一任圆缺卷舒。明月常在，竹柏常有，却少闲人赏步。众生百相，与万物相亲、和自然相知之人太少。

此处的"闲人"，是脱开名利之人，是赏月观竹之人。他当是远离沉浮，穷且益坚，进退皆宜。若可以，苏轼愿居官卿，为民谋利；如若不可，一棹秋水，自在江湖。他做到了，不为名利缚，万古一闲身。

苏轼在黄州留下的，不仅是诗风词韵，于酿酒及饮食，也留下许多佳话。苏轼虽酒量不佳，却无酒不欢，亦喜酿酒。在此期间，他从道士杨世昌处得到了蜜酒之方，并亲身酿制。"百钱一斗浓无声，甘露微浊醍醐清。君不见南园采花蜂似雨，天教酿酒醉先生。"

松花酿酒，春水煎茶，劈山起柴屋，耕地栽松柏，都是古人雅

事。那时的苏子，是樵夫、渔夫，有朝云相随，煮茶斟酒，红袖添香。三世的情缘酿成一坛酒，封存于岁月，留待某个烟雨之日开启。

人世匆忙，若无佳酿，无妙句，无知音，则万般的好皆是虚幻。千古繁华，江山兴亡，于杯盏中自可消散。漫长的日子，终究要和一个喜好的人相伴，世事可信，方不落萧索。

闲暇时，苏轼还数次去往岐亭，访季常，饮米酒。田园篱院，春雨茅舍，存千盏佳酿，藏万卷诗文。真个儿，洒脱出今古，醉意满黄州。

黄州光阴清简闲逸，苏轼虽洒然万物，却亦有醉醒迷离之时。今时的他官职低微，虽有心为民，然诸事不能做主，于不平处亦生忧思感叹。

尽管职微，如百姓遇难事，他亦是倾力相助，从不躲避。他听闻民间常有杀婴之事，非常心痛，写了一封《上鄂州太守朱康叔书》寄给太守，其中说："佛言杀生之最，以杀胎卵为重。六畜犹尔，而况于人。"

苏轼人品如兰，故而有高深的文学造诣，有亲于百姓的悲悯之心。他在黄州所留下的不仅是数篇佳作，更有超脱于文字之外的熠熠光芒。

浮　生　清　凉

情缘再深，终有一别，他和黄州的缘分，亦到了尽时。元丰七年（1084年）四月间，苏轼受命移汝州，写下一首《别黄州》。

> 病疮老马不任靷，犹向君王得敝帏。
>
> 桑下岂无三宿恋，尊前聊与一身归。
>
> 长腰尚载撑肠米，阔领先裁盖瘿衣。
>
> 投老江湖终不失，来时莫遣故人非。

漫天落花，没有相送的伤感，亦无相见的期许。转身策马，自此又是一段天涯，他内心清淡，无浓愁深悲。你可知，他这一生，都是过客，都在漂泊。

第二十二章

人间清欢

三十三年，漂流江海，
万里烟浪云帆。
故人惊怪，憔悴老青衫。
我自疏狂异趣，君何事、奔走尘凡。

多少人，因流转迁徙不知归宿而茫然彷徨。凡尘众生，所羡的是佛前的莲，岁岁年年，于放生池中开放，无意岁序更迭，不改当年姿态。

张爱玲说："乱世的人，得过且过，没有真正的家。"然纵处盛世，依旧难免漂泊，沿途会有许多风景与你温柔相依，亦有急风寒雨冷漠相袭。

故而飘荡之人，向往寻常百姓人家的绵密深稳：不必晓行暮宿，流离失所；守着深深庭院或竹篱茅舍，淡饭粗茶，日子俭朴，唯求

人 间 清 欢

平安。

几年来，苏轼已习惯了躬身耕种、自在闲逸的生活。虽不富足，但他有酒有诗，畅快潇洒。他的田园，还有新种的稻麦，尚未收取；他的菜圃，还有成熟的柑橘没有采完；他的雪堂，有诗画未就，宣纸铺案，留下未尽之笔。

这年春日，在某个暖风温柔的夜晚，苏轼吟咏海棠，得佳句："东风袅袅泛崇光，香雾空蒙月转廊。只恐夜深花睡去，故烧高烛照红妆。"

黄州还有许多可留恋的风景，但君命难违，当年选择了仕途之路，就知晓此生不得稳妥。几年贬谪，毫无圣上音讯，今收到调令，并不觉欣喜。虽拨云见日，苦尽甘来，可他早已习惯了自给自足、晨耕暮读的田园岁月。

离别的情思，难言的心绪，留在黄州。直至千百年后，世人再游旧地，依然难忘曾经有一位绝代文豪，于此风华四载，留下许多佳篇趣事，经久传诵。

苏轼并未急着赴任，而是独自起身前往筠州（今江西省高安县）探望苏辙。其家眷等人，皆随长子苏迈，缓慢赶路，约定于九江相会。

黄州诸友，并邻舍翁郎，依依相送，直至慈湖，仍不舍挥别。苏轼心中感慨激荡，万般情意无以言表，填了一首《满庭芳》，以寄离愁。

归去来兮，吾归何处？万里家在岷峨。百年强半，来日苦无多。坐见黄州再闰，儿童尽、楚语吴歌。山中友，鸡豚社酒，相劝老东坡。

云何？当此去，人生底事，来往如梭。待闲看秋风，洛水清波。好在堂前细柳，应念我、莫剪柔柯。仍传语，江南父老，时与晒渔蓑。

苏轼心中，仍是渔樵态度、耕夫心情。这是一片不曾枯谢的田园，一段永存于世的风流。人生的事往来如梭，茫茫世间，必有其安身之处，只是那时的他，是寄身朝堂，还是放逐江湖？

苏轼离开了黄州，一生再未来过。人生许多地方，都是有来路，无归程。策马而去，红尘路远，过田畴可见耕夫劳作，转溪山可见农女浣纱。日暮雀鸟返巢，瓦屋炊烟轻绕。千百年来，历史不断更换，而民间烟火依旧这样的真实有情。

苏轼名闻天下，不管在朝堂还是僧院，皆知其名，亦喜其文。他这一路并不寂寥，有山水可依，有美丽邂逅。

苏轼游庐山时，见此处山谷奇秀，平生未见。贪赏景致，目不暇接，不欲作诗。岂知山中僧俗见他到来，皆说："苏子瞻来矣。"苏轼见状，亦觉自在，七步诗成："芒鞋青竹杖，自挂百钱游。可怪深山里，人人识故侯。"

游庐山西林寺时，苏轼写了一首《题西林壁》："横看成岭侧成峰，远近高低各不同。不识庐山真面目，只缘身在此山中。"这首诗成了庐山绝唱，可与李白的《望庐山瀑布》平分秋色。

元丰七年（1084年）端午前后，苏轼来到筠州，与苏辙重逢。兄弟相见，泪眼迷蒙。岁月无情，给他们鬓边都添了白发，再不见当年的意气风发。

如今的苏辙，没有苏轼这般自在潇洒。他家子女众多，居处简陋，清贫潦倒，自从受诗案拖累，被贬为此处监酒，一直辛劳奔忙。

"昼则坐市区鬻盐、沽酒、税猪鱼，与市人争寻尺以自效；莫归筋力疲废，辄昏然就睡，不知夜之既旦。"

苏辙乃读书君子，取了进士，高才若许，不去助治天下，却与一群市井商贩寻斤计两，争于锱铢，实属无奈。当初他不能理解为何颜回贫穷落魄，却不去做个门吏或者更夫，待他来到筠州监盐酒税，方知其间道理。人在红尘，身不由己。

苏辙之困窘境况，苏轼亦无计可施。兄弟相处十余天，对饮千盏，亦难诉衷肠，不解忧思。几多劫数都这样过来了，往后的岁月，唯愿彼此珍重。

匆匆别过苏辙，苏轼来至九江，会着家眷，一路顺水而下，行往江宁。山水多情，总是依照世人心意剪裁，妙意天然。唯世事无定，命运叵测，并不知何时会遭灾遇祸。

七月间苏轼抵达江宁，并住了数日。这期间，其四子苏遁患病夭折，不到一岁。他是苏轼与朝云唯一的骨肉，余生朝云再未生育，只陪着苏轼流落江湖，相守许多凄凉岁月。

旧年洗礼，苏轼还望幼子莫要太过聪明，只求无灾无难，过其平淡一生。宿命前定，万般早有安排，岂可尽遂人愿。

在江宁时，苏轼前往半山堂探望了王安石，并与之对饮和诗。彼此虽有旧怨，他乡重逢，亦算故知。况人海苍茫，能在同一个朝代，荣辱相看，也是缘分。

乌台诗案，王安石曾劝神宗皇帝莫杀才学之士，自是帮衬了苏轼。苏轼早已原谅了每一个伤害过他的人，他的风度与气魄，乃是万千之士所不可企及。

王安石在苏轼离开江宁后不到两年即去世，因他而起的党派之争却一直延续下去，直到北宋灭亡，方才终止。新党和旧党，在朝堂上此起彼伏，斗争无止。

苏轼早已厌倦了相争相伤的官场，故迟迟拖延赴任时间。他安顿了家眷，四处寻访，愿得一处园地闲隐而居。

当年苏轼任职杭州，曾因赈灾之事，往来常、润之地数月。喜当地民风，亦慕其风流景致，欲买田置舍，老于这片山水，有词《菩萨蛮》为寄。

> 买田阳羡吾将老，从来只为溪山好。来往一虚舟。聊从造物游。
>
> 有书仍懒著，且漫歌归去。筋力不辞诗，要须风雨时。

苏轼还写《楚颂帖》以记其事："吾来阳羡，船入荆溪，意思豁然，如惬平生之欲。逝将归老，殆是前缘。王逸少云：'我卒当以乐死。'殆非虚言。吾性好种植，能手自接果木，尤好栽桔。阳羡在洞庭上，柑桔栽至易得。暇当买一小园，种柑桔三百本。屈原作《桔颂》，吾园若成，当作一亭，名之曰'楚颂'。"

过足了田园生活，苏轼不想再入官场参与是非。他此时盛名天下，无论是朝野还是山林，皆有相识。况到如今，功名三十载，尽成虚幻。他想做个闲人，隐于山川水岳，从此不为五斗米折腰。几亩薄

田，几间茅屋，一家人得以遮蔽风雨，当是幸事。

这年腊月初一，苏轼一家辗转到达泗州。在泗州，他上书神宗，"泣血书词，呼天请命"，写下《乞常州居住表》，求归隐常州，不复赴任。

其间有句："但以禄廪久空，衣食不继。累重道远，不免舟行。自离黄州，风涛惊恐。举家重病，一子丧亡。今虽已至泗州，而资用罄竭，去汝尚远，难于陆行。无屋可居，无田可食。二十余口，不知所归。饥寒之忧，近在朝夕。"

谁道书至官中，却是一去入海，渺无音讯。无奈圣命不敢违，苏轼穷困潦倒，不能陆行，故领着家眷暂住泗州，待延些时日水路通时，再风雨兼程。

身为一朝臣子、一代才客，贫困到骨，落魄至此，让人啼笑皆非。日求三餐，夜求一宿，竟也成了奢侈。所谓的安稳幸福，更是遥不可及。

尽管如此，苏轼依旧可以从困境中解脱，沽酒闲游，识朋交友。这年十二月，苏轼在泗州与一位叫刘倩叔的友人游南山时，写下一篇《浣溪沙》。

人 间 清 欢

细雨斜风作晓寒，淡烟疏柳媚晴滩。入淮清洛渐漫漫。

雪沫乳花浮午盏，蓼茸蒿笋试春盘。人间有味是清欢。

细雨斜风，淡烟疏柳，想来千年不变的，仍是自然景致。清茶一盏，素斋一碟，人间有味是清欢。他虽困窘，但始终旷达高雅，不失意趣。

除夕这日，他遇着旧识刘仲达，二人同游南山，他写下一篇《满庭芳》。

三十三年，漂流江海，万里烟浪云帆。故人惊怪，憔悴老青衫。我自疏狂异趣，君何事、奔走尘凡。流年尽，穷途坐守，船尾冻相衔。

巉巉。淮浦外，层楼翠壁，古寺空岩。步携手林间，笑挽攕攕。莫上孤峰尽处，萦望眼、云海相搀。家何在，因君问我，归梦绕松杉。

苏轼十七岁时和刘仲达相识，到如今，青衫憔悴人已老，数载相知，终对白头笑。多少情谊，走过风雨，不经意的重逢，一如当年，只觉更亲。

无景则无妙意，无酒则无好诗，无情则无佳句。人世繁华如梦，似一场妖娆的春花，开过便散场。唯清欢不增不减，不必攀附，可与之相随，直到地老天荒。

一样的庭树栏杆，
不一样的似水流年。
有些地方，
一生有过一次邂逅，便铭心刻骨。

　　总想着，寻一处老宅，安住下来，将昨日种种一笔勾销。前庭后院栽满花木，修亭台，置山石。不要访客，亦不要故知，只要清茶一盏，诗书一卷，明月一轮。

　　经过世事的人，把人生看得真切、无有虚妄，亦活得简单。苏轼一路飘蓬流转，内心更是清醒通透，毫不模糊。以后的路或多曲折，但他比从前更旷达从容。

　　元丰八年（1085年）正月初四，苏轼又踏上了征程，别过泗州，去往宿州。风雪之日，行途缓缓，多少沧桑炎凉暂且不顾，当下的景致未尝不好。

宿州的上元节虽不及汴京的繁华、花树漫天，却自有一种温柔、别样风姿。苏轼作了一首《南乡子》，以记其事。

> 千骑试春游，小雨如酥落便收，能使江东归老客，迟留。白酒无声滑泻油。
> 飞火乱星球，浅黛横波翠欲流。不似白云乡外冷，温柔。此去淮南第一州。

二月间，苏轼携家眷抵达南都（今商丘），接到了神宗的诏令，恩准苏轼归隐常州之请求。此后，苏轼一路南去，欲归阳羡做个山水诗客、岁月闲人。想当年，他为求一纸功名，远涉山水奔赴京都，而今却唯盼卸下官服、绝了功名，守着山林翠水、鸟雀虫鱼，自此读书耕种，天地清闲。

功名渐远，山水已近。其实，当一个人远避红尘，不为俗事惊扰，他早已在心中筑了田园，修了篱院。正如苏轼初在杭州，于望湖楼上所吟诗句："未成小隐聊中隐，可得长闲胜暂闲。"

今时的苏轼已到天命之年，尽可安享山水，不必为身名所累。待他筑起茅屋，修好柴门，植了花木，谁知一道诏令，瞬间让他田园梦

碎，晚景难安。此时的朝堂发生了巨变，四月神宗驾崩，太后摄政，司马光被任命为门下侍郎，一应旧党人物开始被重用。

写至此处，我亦禁不住为其叹惋，感其遭遇太过荒唐，亦太过巧妙。过往数十载大好光阴，他志气凌云，愿为朝廷尽忠，为百姓谋福，却一路遭灾遇难。

乌台诗案，几近身死，后经黄州四年，复飘零一载有余。昔日青年才俊，而今成了垂暮老叟。当他决意放下功名，一心归隐，谁知调令来了，而且是升擢，复朝奉郎，知登州。

世间荣华清苦，他已不在意，但一入宦海，如何轻易脱身。苏轼在山水间畅游两月，到七月下旬方起身赴任。他的徘徊，是一种无奈的躲避。

这时的苏轼，心生茫然，他自比良驹，却知盛年已逝，对功名之事不再贪图。此番心情，在其《次韵周邠》一诗中，表达得十分真切。

> 南迁欲举力田科，三径初成乐事多。
> 岂意残年踏朝市，有如疲马畏陵坡。
> 羡君同甲心方壮，笑我无聊鬓已皤。
> 何日西湖寻旧赏，淡烟疏雨暗渔蓑。

此 心 安 处

苏轼行走在任职途中，不急不缓，经过密州，故地重游，恍若前生。那些曾经被他救下的婴孩，亦已成翩翩少年，再遇恩人时，该是何等滋味。

十月十五日这天，苏轼抵达登州，暂住下来。五日后，尚未安顿妥当，又接了诏书，以礼部郎中召他入京。世事唐突，让人悲哀，他不可推辞，只好举家前往。行途上，有旧识，亦有新景。

那年潍州驿，除夕遇雪；今番潍州驿，壁上留诗。一样的庭树栏杆，不一样的似水流年。有些地方，一生有过一次邂逅，便铭心刻骨；有些地方，居住数载，或无多心情。一路风霜，不及匆匆行步，几段相思，空让青丝成雪。

十二月过半，苏轼来到汴京——这座给过他荣光，亦让他数载漂泊的都城。悠悠汴河水，不改其姿态，游船如织，商旅熙攘。茶坊酒肆聚满了达官贵人，气象万千。然这满目繁华，不及他心中的茅檐寒舍、江风明月。

苏轼携家眷寻了个小院安顿下来。多年流转，他早已顺从了命运的安排，所居何地，自不在意。

此期间，为填补内心空落，他寻访故旧，写诗唱和。那些因受诗案连累，远谪江湖的旧友，多得升擢。而王巩，为当年受罚最重之

人，苏轼对他一直心有愧疚。

这番来京，趁闲暇之日，与王巩会宴。饮宴时，有一女子清丽脱俗，颇有朝云之韵。她为王巩所蓄歌妓柔奴，自王巩被贬宾州，其他歌女尽已散去，唯柔奴随行千里，不畏烟瘴，相伴岭南。后随王巩回京，当是荣辱与共。

苏轼见柔奴姿容出尘，感其对王巩的忠贞不渝，相问："广南风土，应是不好？"她答："此心安处，便是吾乡。"

苏轼心中一惊，即席填成一首《定风波》。

　　常羡人间琢玉郎，天应乞与点酥娘。自作清歌传皓齿，风起，雪飞炎海变清凉。
　　万里归来年愈少，微笑，笑时犹带岭梅香。试问岭南应不好，却道，此心安处是吾乡。

"此心安处，便是故乡。"柔奴随缘自适、旷达乐观的生活态度，世人当效之。白居易诗中亦有言："我生本无乡，心安是归处。"柔奴之言，令苏轼触动，铸就了佳词妙句。

这年的苏轼虽一路漂泊，但仍不缺诗词，亦不缺画意。他在行往汴京的途中作了一篇《书吴道子画后》，颇有深意。苏轼许多题画字句皆有价值，其中有画论、技法，还有审美。

"知者创物，能者述焉，非一人而成也。君子之于学，百工之于技，自三代历汉至唐而备矣。故诗至于杜子美，文至于韩退之，书至于颜鲁公，画至于吴道子，而古今之变，天下之能事毕矣。道子画人物，如以灯取影，逆来顺往，旁见侧出，横斜平直，各相乘除，得自然之数，不差毫末，出新意于法度之中，寄妙理于豪放之外，所谓游刃余地，运斤成风，盖古今一人而已。"

无论世间何物，都是心怀大智慧之人所创而来，一些能工巧匠加以修饰，致其成型，乃至完美，非一人之功。诗到杜甫，文到韩愈，书法到颜真卿，画到吴道子，可谓登峰至极。而后人看苏轼，则是宋词之极处。

苏轼还在惠崇的画作《春江晚景》上题诗："竹外桃花三两枝，春江水暖鸭先知。蒌蒿满地芦芽短，正是河豚欲上时。"亦是将画境入诗，诗情入画，以增山水之韵、花木之神。

今时的朝堂，因哲宗年幼，高太后辅政。犹记当年她十分欣赏苏轼，今番可以做主，自不迟疑。苏轼上任半月后，又被迁为起居舍人。

这般连迁数官，一改往日窘困之况，苏轼竟有些不知所措。人世

之事这样让人爱怨交织，难以周全。你百般需要时，求而不得；当你放下，甘愿舍弃，却又忽然而至，躲避不得。一似"衰病之余，乃始入闱，忧畏而已"。

一箪食，一瓢饮，居陋巷，依然能自得其乐，方是至人。想来简衣素食，不贪富贵，则能工于炼句，苦于读书。外境的磨砺，可升华内心，使之超脱万物，游行天地。

元祐元年（1086年），新帝虽年幼，却有太皇太后垂帘听政。这位高太后颇有见地，被后人称为"女中尧舜"。朝中一应贬谪，皆由她定。

接下来短短的七八个月内，苏轼连擢数级：从起居舍人，迁为中书舍人；不久后，又迁为翰林学士知制诰，位列三品，位极人臣。

中书舍人，官居四品，可参与贬擢官吏。这期间，李定、吕惠卿等诸新党人物皆遭贬谪。王安石去世后，新党则是彻底败落。

知制诰这个职位非同一般，乃才名之至者，堪称宰相之前身——负责起草诏书，可与皇帝本人相近，许多宰相都擢于此职。苏轼只怕犹在梦中，前番落魄黄州晨耕夕读，今番位极人臣，难免唏嘘。

治平二年（1065年），苏轼正值而立之年，英宗深慕其才，即要

此 心 安 处

擢为知制诰，韩琦虽知苏轼才学，却主张磨炼一番，故与反对，误了锦时。如今到了元祐元年（1086年），苏轼已近天命之年，二十一载颠沛流离，本欲耕老阳羡，却始居其位。

数载沉浮，人心老去，纵居高位，俯瞰众生，又有何喜。高太后知苏轼才能可治天下，故让他辅佐幼主，以报知遇之恩。

苏轼如仙人品，自当鞠躬尽瘁，在很长一段时间里，为高太后拟诏令——皆是太后口述，苏轼缀之成文，篇法工整，落字如神。

推窗望去，璀璨的灯火间，映着盛朝的衰微。究竟又是什么，让苏轼放下田园，再次流转红尘，登上朝堂，重复昨天的风雨？

或许，他仍自心系天下，难舍河山。或许，一如他所说："长恨此身非我有，何时忘却营营。"或许，他仅仅只是听从君命，任意起落。

人世这场盛宴，苦辣酸甜，他都没有缺席。或有尊贵，或有落魄，个中滋味，唯有自知。

第二十四章

繁盛一时

锦绣如织的汴京城，
其实只是一个美丽的陷阱，
它有过太多兴亡的故事。
人间繁盛在这儿，忧患亦在这儿，
无论你在此享有过何等盛名，
最后都将以悲剧散场。

漫漫人世，无论你以哪种方式前行，始终困此一生。官宦人家也好，闾巷小户也罢，各有其扰，各有其苦。纵算此生如你所愿，岁月依顺，宠爱于你，亦会在日暮或夜深时，生出莫名的惊惧与荒愁。

一代词客，与凡人自是不同，有多少荣光，便有多少坎坷。况苏轼一生，并未以词客自居，他虽爱诗词茶酒、山水草木，却不曾真正离开过朝堂，离开他不曾贪慕过的功名。

繁　盛　一　时

汴京城，多少人寄梦于此，又梦断于此。它的风华，不因你的落魄而改变；它的凋败，亦不因你的努力而缓解。岁月纷纷，朝堂换主更臣，又何来真正的稳妥现世。

自初到今，这已是苏轼生平第三次于汴京久住。初时任职史馆，一年有余，即回眉山。再来时，于监官告院任职近两年，后出仕杭州。两次皆是微职，却是喜忧交织。当下，寄身汴京城，虽居高职，却早已心思淡淡，无喜无忧。

但不管身在何处，居于何职，苏轼皆不强求，亦不入朋党之争。无论是昔日官位低微，还是今朝得势，他待人处事仍自清好。他顾及世道苍生，绝不会为一己之私而与人兵刃相见。

苏轼于元丰八年（1085年）十二月到京，至元祐四年（1089年）离京。三年多时间，是其一生中最为风光的岁月。

那年，新党首领王安石、旧党首领司马光相继离世，留下一片虽纷乱却纯净的江山。以当时苏轼在朝中的地位，只要他愿意，即会权倾天下，仅拜一人。但他乃达观之人，本不喜钻营，亦不屑弄权，这浩浩天下，要之何用。

曾经的苏轼疾恶如仇，遇不平之事绝不肯置若罔闻。经过乌台诗

案，他学会了暂敛言语，从修行中寻到了超脱。但他内心深处，依旧是清风朗月，不容云遮雾绕。

苏轼任职翰林其间，拟了八百余道圣旨，其文思流淌，工整严谨。因政务缠身，闲暇时日所作的诗文，比起那段散淡的黄州岁月，终是不及。

素日与诗客酒朋、旧识新交一起聚会饮宴，或能让他挥笔诗词。余下的时光，他则是倾尽才力于公文之上。

每逢夜深时，研墨铺笔，著文炼句，对望红烛，宫墙森森。遥想当年的江畔简屋，如幻梦一场。

田园已在远方，诗心暂蒙尘垢，他虽可七步成诗，却再不见明月辞章。当下的生活非他所要，终有一日，他将放下所有，重新选择漂泊。功名之事，到今时方知是负累，一旦沾惹，唯愿舍弃。

人在荣华面前，并非一味远避即可成就清高之名。远在江湖，却慕恋繁华，仍是世俗之心。身居富贵，却心寄田园，自是雅人之意。功贵来时，坦然相对，不移心性，当是君子所为。

元祐二年（1087年）七月，苏轼又兼侍读之职。此职位是教皇帝读书，为其讲解经史。每读到治乱兴衰、邪正得失时，苏轼多反复开

繁　盛　一　时

导，唯盼对他有所启发。

读到《宝训》，言及时事，苏轼心有愤意，道："今赏罚不明，善恶无所劝沮；又黄河势方北流，而强之使东；夏人入镇戎，杀掠数万人，帅臣不以闻。每事如此，恐浸成衰乱之渐。"小皇帝虽然才十岁，未必能懂，却也是一种劝谏。

理学家程颐也参与讲学，这位"每以师道自居"之人，与哲宗讲儒家思想，并谆谆告诫不要耽于酒色。然这位哲宗皇帝并未听劝，坐于他尊贵的龙椅上，无暇打理大宋的江山。因高太后垂帘听政，他虚有其位，故整日涵于酒色，二十四岁就驾崩了。

苏轼如今是声名胜处，人间无双。那些才学大家，如欧阳修、司马光，甚至王安石等风流人物，已经尽数零落。残余的一些才客，对东坡早已是望尘莫及。

黄庭坚至京城，与苏轼有了交往，慕其高才，拜他门下。"苏门四学士"之名，已经传遍天下，尽人皆知。

苏辙亦在不久后返回京城，并逐渐升迁，权重一时。这些本该享受的尊荣，迟来太久，惊喜之余，内心更多的是起伏跌宕。眼下的山河，早非当年之景，人事变迁，纵有高官厚禄，亦找不回从前的心情。

元祐三年（1088年）八月，苏轼提笔写道："乐事可慕，苦事可畏，皆是未至时心尔。及苦乐既至，以身履之，求畏慕者初不可得，况既过之后，复有何物比之？寻声捕影，系风趁梦，此四者犹有仿佛也。如此推究，不免是病；且以此病对治彼病，彼此相磨，安得乐处？当以至理语君，今则不可。"

当初穷困潦倒，只为简单的衣食，今时富贵无边，却整日忙于俗事。细想来，何时为苦，又何时为乐？都说英雄为江山而奋发，志气不减，可他心思清明，只想拥有寻常人的快乐。

樵夫行于山泽，日斫林柯，夜归茅舍，时闻鸟唱山林，泉声淙淙。亦有荆棘相伤，风雨阻路，为求一餐饱饭愁苦，为多得一担柴薪欢悦。若甘于平淡，不羡浮华，守着柴门小院，亦是喜乐。

高官出入朝堂，紫蟒玉带，尽享美馔珍馐，家中奴仆成群。但也有忧烦之事：日间政敌官友钩心斗角，奔忙不歇，心力交瘁，甚至不能独坐书斋，取笔铺宣，静心为文；更无闲时，邀三五知己，去往林泉深处，赏景品茗。如此碌碌一生，又何来快乐可言？

苏轼并不快乐，以他洒脱之性情、豪迈之气势，不宜为政。看似风光的表象，藏着太多难与人言的烦忧。尽管如此，他的世界终愉悦多于愁闷，豁达多于惊惧。

繁 盛 一 时

他初回京城，便与司马光政见不合，虽有争辩，只是意见不同，无伤根本。司马光去世后，逐渐有了朔党、洛党和蜀党之分。

苏轼心胸坦荡，如静水清风，不喜与人相争，但坐于朝堂之上，又怎能逃脱局势的摆弄。锦绣如织的汴京城，其实只是一个美丽的陷阱，它有过太多兴亡的故事。人间繁盛在这儿，忧患亦在这儿，无论你在此享有过何等盛名，最后都将以悲剧散场。

元祐元年（1086年）十二月间，各党之人对苏轼发起了攻击。他们先后写数十篇奏章，倾尽所有的力量来弹劾苏轼。其内容多是无中生有，强词夺理，甚至有说苏轼对仁宗、神宗不敬。

高太后深知东坡高风亮节之人品，故勒令群臣对其停止诋毁。谁知那群伪君子并未止歇，依旧肆意为之。

苏轼对功名早无眷恋之心，今再遭小人算计，亦是预料之中。他自不必心事索寞，更不会怅触感伤——这虚浮的富贵，不要也罢。

苏轼几番上表，请求外调，并未成行。那些整日搬弄是非的政敌苦心钻营，亦没有达到目的。高太后的尽力支持，让苏轼于朝堂仍旧立于不败之地。

虽一无所获，他们却不肯罢休。在接下来的两年时间里，不光朔、洛两党，连王安石余党，对苏轼亦怀恨于心。他们一旦有机可乘，便暗箭伤人，频加诽谤。而那些被苏轼举荐的人，也未能幸免，受到殃及。

苏轼之心与朝堂渐行渐远，留下是困惑，离开是解脱。无数个风雨之夜，他凭楼远眺，所思的，是苍茫的山水，是阳羡的田园。

太行卜居

柳仲举，自共城来，抟大官米作饭食我。且言百泉之奇胜，劝我卜邻。此心飘然，已在太行之麓矣。元祐三年九月七日，东坡居士书。

其友柳仲举相访，说太行山风光绮丽，盼与他结邻。苏轼心驰神往，奈何困于汴京，高墙深院，何以从容摆脱。

望着自己的门生、知交，一个个因他所累，被弹劾，受委屈，苏轼怅然亦失望。这天下看似清朗端正，却有太多的阻隔，让人深觉无趣。他自该急流勇退，以避纷扰，小舟江湖，自在无羁。

苏轼再三恳请，终于得到批准，除龙图阁学士，知杭州。几载消磨，所换取的，依旧是溪山明月，他应是满足的。苏子如离笼之鸟，

繁　盛　一　时

若归海之鱼，回到了该去的去处。

　　人事糊涂，若三春的花事，东风过处，欲尽未尽。浮名浮利，虚苦劳神，莫如沽酒吃肉，邀月填词，携了清风，往来红尘。

第二十五章

不应回首

人生本是一场偶然，

偶然出现，偶然邂逅，又偶然别离。

未来不可预测，每次转身，

也许就是永远。

　　暮春的午后，阳光洒在翠叶上，似有声音。有鸟雀落入闲庭，又飞过瓦屋，万物本简洁，是众生在繁忙不息。

　　曾有过约定，每年此时，去杭州西湖看一场花事，往灵隐寺喝一壶龙井。如今花谢茶凉，我自是失信于它，却不觉有憾。当下的梅庄，以及杯盏中的茶，和西湖的无异。山水自然，千百年来一样姿态，每一次相遇，都是重逢。

　　故地重游，不免追忆过往，心生感慨。诗客文人多情，纵算是凡夫村妇，于江南烟水地，亦柔情百转。漫步苏堤，依依斜柳皆是历史的悠远，似有尽头，又无尽意。这座城，承载了太多人的记忆，它的美，让人可以贪恋得奢侈。

苏轼与杭州，当是缘深至极。上次来时，为熙宁四年（1071年），任通判之职。那时苏轼三十六岁，风华正茂，满腹文章无尽藏。他游遍杭州山水，题诗写文，邀僧宴客，忘乎红尘。

此番到来，已是元祐四年（1089年）七月，山河渺渺，人事偷换。这时的苏轼已经五十四岁，天命之年，两鬓如霜。从一心归隐，到尝尽繁华，今已心如止水，不复见风起浪。

当他再临西子湖，眺望孤山烟雨时，曾经吟醉西湖的诗客依旧风采不减，落笔成文。耗尽年华，辗转人间，于朝堂他是一个政客，到杭州他又做回仙侣。

苏轼早已厌倦了官场的虚名浮利，却陷入其间挣脱不开。他内心并不畅快，唯期待归来，吟风戏月，做个闲人。

在抵达杭州前，他填了一首《行香子·述怀》，深见其志。这阕词，让世间众生钟爱，愿用尽此生修行，换"一琴一酒，一云一水"的岁月。

清夜无尘，月色如银。酒斟时、须满十分。浮名浮利，虚苦劳神。叹隙中驹，石中火，梦中身。

虽抱文章，开口谁亲。且陶陶、乐尽天真。几时归去，作个闲人。对一张琴，一壶酒，一溪云。

汴京岁月，繁华却索然无味，太多的争执让他步步惊心。而今流落江南，游荡西湖，又可贪恋山水，纵情笔墨。可见，适合自己的风景，才是心灵的归依之所。

这是一场深秋的雨，湖上烟雨蒙蒙，青山若梦，情致绵绵。更有那菡萏香销，细雨落在残荷上，留一声声清响，妙意无穷。

烟雨有神，跳珠惊鱼，苏轼深感其韵，写下一首《与莫同年雨中饮湖上》。

到处相逢是偶然，梦中相对各华颠。
还来一醉西湖雨，不见跳珠十五年。

人生本是一场偶然，偶然出现，偶然邂逅，又偶然别离。未来不可预测，每次转身，也许就是永远。纵使相逢，亦恍然若梦，恰如幻境，唯鬓间华发、脸上风霜，不可更改。

十五载悠悠岁月，不长不短，倦了归客，荒了世情。那些远入云

不 应 回 首

山谈禅论空、曾经访过的诗僧樵客，可是苍颜未老？那些遍游山水挥毫泼墨、题咏的诗句，可还字迹如新？就连那些湖水间清弄歌喉、细抹琵琶的歌妓，怕也已人老珠黄，远嫁他乡，不知名姓。

西湖的山水依旧，葱郁秀逸，柔媚静雅。太守，已非当年陈襄；所伴，不复前日同僚。而他，又是否还是当年的苏子？

远处山林寺院，依旧钟声袅袅，禅韵悠悠，十余载别离，好似千年。鸟雀清音润客，花径幽深微凉，苏轼行于其间，寻着他的方外之交。

诸多交友中，与苏轼最惬者，当是道潜。他与苏轼相识近三十载，二人是文中知己、修行之友。

道潜乃杭州人，本姓何，字参寥，赐号妙总大师。他小苏轼七岁，自幼出家，通经达史，善著诗文。苏轼初临杭州，与之交识，一见如故，素日多诗来词往。他之一生，在苏轼诗词中出现过上百次之多。

后来苏轼任职徐州时，参寥前去拜访。一日聚宴，苏轼欲戏之，遣官妓马盼盼向他索诗。参寥口占一绝，吟道："多谢尊前窈窕娘，好将幽梦恼襄王。禅心已作沾泥絮，不逐东风上下狂。"

苏东坡闻诗，喜道："吾尝见柳絮落泥中，私谓可以入诗，偶未曾收拾，遂为此人所先，可惜也。"满座宾客亦是闻诗大惊，自此参寥海内声名满。

苏轼在黄州任团练副使时，参廖不远千里寻往其处，在雪堂住了一年有余。二人唱和诗词，共著文章，亦算是患难之交。此后的岁月，参寥一直默默陪伴苏轼，哪怕只是鱼雁来回。

漫长的人世修行，也许参寥的出现，是为了守着苏轼，相共红尘。苏轼在离开杭州时，为他填一首《八声甘州》，气势如虹，醇厚生动。

> 有情风万里卷潮来，无情送潮归。问钱塘江上，西兴浦口，几度斜晖？不用思量今古，俯仰昔人非。谁似东坡老，白首忘机。
>
> 记取西湖西畔，正春山好处，空翠烟霏。算诗人相得，如我与君稀。约他年、东还海道，愿谢公雅志莫相违。西州路，不应回首，为我沾衣。

杭州乃风流之地，亦多风流人物。苏轼前番来杭，曾助歌妓周韶去籍，收朝云为侍女。今番再来，又遇着一位风尘女子，此人即是琴操。

不 应 回 首

　　琴操出身仕宦之家，因父获罪，未满十三岁便流落风尘，歌舞为伴。苏轼与她初见时，她已十六岁，能诗善文，曾改秦观《满庭芳》词，才思尽显。

　　苏轼喜她才气，嘉其悟性，故邀来舟中，相陪宴饮。时日久了，琴操深慕东坡风流，窈窕的心中已容不下俗世云水。然她乃一介歌妓，低贱卑微，怎生言表，只将万千相思，寄予西湖的净水。

　　苏轼对她，亦是怜爱有加，况朝云初时，也是在湖上邂逅。但今番有妻有妾，多年生死相随，甘苦与共，怎可辜负。唯将对琴操的怜意，化作诗思，为怕相知。

　　一日，苏轼游湖，戏她一番，与说："我作长老，汝试参禅。"琴操笑着答应。苏轼问她："何谓湖中景？"她答："落霞与孤鹜齐飞，秋水共长天一色。"苏轼又问："何谓景中人？"她答："裙拖六幅湘江水，鬓挽巫山一段云。"

　　苏轼再问她："何谓人中意？"琴操自负才学，答道："随他杨学士，鳖杀鲍参军。"苏轼又问："此意究竟如何？"纵有才思如许，又能如何？琴操不答。苏轼替她答道："门前冷落车马稀，老大嫁作商人妇。"

　　琴操身为歌妓，纵才情婉转，终难脱命运。待一朝色衰，亦不

过是浮萍飘絮，无处藏身。琴操深知其意，但细想生平，空负诗才词笔，嫁入俗家，落得飞絮委泥，不如真入禅中，了此一生，于是说道："谢学士，醒黄粱，世事升沉梦一场。奴也不愿苦从良，奴也不愿乐从良，从今念佛往西方。"

苏轼便给她赎了身。自此，琴操在玲珑山出家为尼，日读佛经禅语，夜伴青灯白莲。日子清洁无尘，内心却深藏一段无根之情。她知道，这段情缘，不过水上之萍，无可立足之地。

琴操出家后，苏轼常邀诗友佳朋同游玲珑山，与之品琴论诗，参研佛理，共悟禅机。相知之情，渐至深厚，却也仅仅只是一盏茶的缘分。

如此灵秀冰洁的女子，解琴韵，会诗词，本该有一段才子佳人的美好故事，却抛弃红尘，常伴青灯古佛，终老山寺，不禁令人唏嘘。不知是命薄，还是缘浅，相比，同为西湖歌妓的朝云则要幸运得多。

待苏轼两年后离任远行，琴操暗里相送。她怕衷情难忍，独自于那林深幽密处，望着苏轼远行背影，悲伤落泪。这一别，便是一生。

琴操于玲珑山潜心修行，再不问人间悲欢。数年后，当琴操得知苏轼被贬儋州，或一去无回，葬骨天涯，她不禁茫然无主，万念俱灰，自此一病不起，郁郁而终。

那一年，她二十四岁，女子最好的年龄。她是那株历劫的荷花，魂魄氤氲了整个江南，迟迟不散。垂暮之年的苏轼，听闻琴操亡故，面壁而泣，自责不已。

人生有情，不应生恨，可情到深处，为何这般难舍难消？琴操愿守孤苦，只为不负此生一段爱恋。东坡自是愧对红粉之恩，但司马相如有了卓文君，怎敢再生二心？他有了王朝云，又怎能负其情？

后来，苏东坡在琴操修行的玲珑山重葬了她，并为她立一方墓碑，题字其上。岁月荏苒，琴操墓湮没在深林荒草中，无人问津。一代才女，境遇如此悲凉，世间赏花之人万千，竟无一人将之呵护。

民国时，郁达夫和朋友相游玲珑山，四下苍茫，早不见佳人踪迹，却于荒土中见着一块碑断残石，刻着"琴操墓"三字。他所见的石碑，已非东坡所书，而是明人重修的碑碣。

郁达夫深感琴操之情，却苦于无史料可查，心中悲叹，吟诗一首："山既玲珑水亦清，东坡曾此访云英。如何八卷临安志，不记琴操一段情？"

　　历史风烟，漫漫无边，留下太多的伤情。许多人在世间走过，不留一点痕迹。至于生在哪个朝代，发生过什么故事，亦无从可知。三千世界，众生芸芸，也只是草木一株、尘埃一粒罢了。

第二十六章

苏堤烟柳

说起江南，让人魂牵梦萦的，当是西湖。就如『三分明月夜，二分在扬州』一般，一天江南烟雨，半在西湖波水。

风景让人觉雅意，历史令人生悲凉。闲时煮茶读书，若遇伤心处，我总是故作洒然，不多流连。看似风雅的诗画岁月，藏隐着太多难言的况味，数千年的哀乐，于我不过一场云烟。

存浩然之气，才能俯瞰人间；怀慈悲之心，方可度我众生。世间因缘和合，有太多的妙意，非凡人凡心可以揣度。高才之人，多有雅量，但又有许多的不合时宜，所能做的，则是于文字中超脱。

苏轼来杭州任知州一职，为了度人，也为了修己。前番任通判

时，因虑及城民饮水，与太守陈襄一道，疏浚六井，满城百姓受益无穷。此次来杭，乃一方之长，故许多事情无可依附，皆得靠自己。

初至杭州，即逢着大旱，一时饥荒与瘟疫并作。苏轼深悯民情，请于朝廷，减免了本路赋税；又求得僧院度牒，往其间换来米粮，以救济贫饥之人。高太后深信先帝之言，故对苏轼宽厚，他之所求，只要力所能及，皆是有求必应。

苏轼为政，颇为辛勤，先为州学上书，以解学粮之忧；后见官署陈旧，集钱财四万贯，将各处官舍并诸多城楼修缮一番。

杭州官署所居，乃是五代十国时吴王钱镠所建。自那以后百余年间，官府无力修换，又不忍心拆成小屋，以致风雨腐损，日渐颓毁。苏轼上次任职，有心打理，又做不得主，今为主官，方了心愿。

此时杭州天逢大旱，致使粮价飞涨，苏轼取常平仓存粮以救，稳住米价。苏轼知杭州乃水陆交通要地，易生瘟疫，故收集余钱两千缗，又自添黄金五十两，建造病坊，积蓄钱粮，用以防治疫病。

苏轼二临杭州，不仅设立病坊，更深入人心的，即是疏浚西湖，修筑苏堤。曾有诗吟："我来钱塘拓湖绿，大堤士女争昌丰。六桥横绝天汉上，北山始与南屏通。"如今苏堤的杨柳依然青翠依依，临波

苏　堤　烟　柳

入画。

　　因杭州近海，泉水咸苦，无法饮用，故自古以来，居民稀少。自唐代李泌引西湖水做六井，供百姓饮用，方有了改善。又经白居易疏浚西湖，灌溉良田，使杭州富庶起来，城民渐多，成了江南繁华之地。

　　到了北宋，官府不似往年那般治理，致使湖中水草泛滥，堆积为田，湖面大减，几近无存。

　　苏轼又疏通河道，以通航运；再修造坝堰闸门，用来蓄水和泄洪。自此，江潮不复涌入城市，百姓得以安居。

　　他用尽所余财力物力，重整六井，以供饮水。待挖掘湖淤时，水草淤泥堆积如山，苏轼将其沉在湖中，筑成一条长堤，以便通行，南北约三十里长。堤成，于堤间遍种芙蓉，簇上烟柳，远远望去，恍如图画，成了著名的"苏堤"。

　　南宋开始，苏轼修建的苏堤已成为西湖十景之首，名曰"苏堤春晓"。西湖之美，在于山水，在于白堤、苏堤以及断桥等无数惊艳景致。西湖如一块无瑕的美玉，修饰着千载岁月遗落的风华。素韵天然，一任淡妆浓抹，春秋冬夏，总是相宜。

说起江南，让人魂牵梦萦的，当是西湖。就如"三分明月夜，二分在扬州"一般，一天江南烟雨，半在西湖波水。仿佛，从那翠柳间、杏花下飘起的蒙蒙水雾，总会在某个章节，氤氲诗人的笔墨，缭绕江南的山水。

历代文人吟咏的诗词，已将西湖的美绘到七分，留下三分让后人吟咏、赞叹。苏轼不仅为西湖留下了苏堤之景，更为它添了万千灵气。山水所到、云林深处，皆有他题过的诗句，以及恍惚的背影。

除了疏浚西湖、引水入井，苏轼攻克的难关，还有旱涝之灾。苏轼心系乡民，纵是寻常灾祸，于他眼中亦觉事大如天。他太过良善，见不得人间生死离索。他的本性，更适合归于山野，筑屋为篱，远避红尘。

江南灵秀地，亦有灾情相扰，先旱后涝。去岁苏轼为稳米价，尽取常平仓粮食，又另外筹了许多，方见效果。本待次年雨顺，或可改善，谁知这年五月间，大雨袭来，数日不止，洪水泛滥。

幸而苏轼早有准备，购得许多谷物存在常平仓内，应对饥年。因见灾情不减，半年之内，苏轼七次上表，细述其害，望朝廷赈济抗灾。

苏 堤 烟 柳

初始，高太后或多应允，依他所求，给地方拨来钱粮。到最后，附近地方官长不以实情上报，朝中那些官员亦故弄虚词以求福禄，致使苏轼孤立无援。

纵有高太后倚靠，终远在京城，不知实况。时日久了，诸多糊涂，无处言表。乃至苏轼在写给好友的信中长叹："呜呼！谁能稍助我者乎？"

万般灾劫都会过去，人世浩荡，不过一场清风。苏轼选择了求索之路，则要同屈子一般，与香草为友，和芝兰相亲。他将万般情思寄在笔墨，从而忘记一切，超然于外。

无论遭遇何种境况，皆有幽情雅意，诗画相随。风烟过后，苏轼对着满树榴花、无边夏景，填了一阕《贺新郎》。

> 乳燕飞华屋，悄无人、桐阴转午，晚凉新浴。手弄生绡白团扇，扇手一时似玉。渐困倚、孤眠清熟。帘外谁来推绣户？枉教人梦断瑶台曲。又却是、风敲竹。
> 石榴半吐红巾蹙，待浮花浪蕊都尽，伴君幽独。秾艳一枝细看取，芳心千重似束。又恐被、西风惊绿。若待得君来向此，花前对酒不忍触。共粉泪、两簌簌。

这首词寄意深远，余味无穷。然词的写作背景，众说纷纭。南宋

杨湜《古今词话》载，乃为官妓秀兰而作。

湖中有宴，秀兰来迟，苏轼问其因由，她道沐浴倦睡，误了时间。座中有吏不乐，秀兰折榴花与说，其人愈怒。苏轼因作《贺新郎》，令其歌唱，并敬酒谢罪，那吏方原谅了她。

胡仔在《苕溪渔隐丛话》中评道："东坡此词，冠绝今古，托意高远，宁为一娼而发耶！"他认为此言荒野，堪入笑林。

诗词原本只是述怀寄情之作，因何而写，不必与人言说，亦无可言说。苏轼还是那拣尽寒枝的孤鸿，不肯轻栖人间。

如他在《元祐五年十二月十二日，同景文、义伯、圣途、次元、伯固、蒙仲游七宝寺，题竹上》中所说："结根岂殊众，修柯独出林。孤高不可恃，岁晚霜风侵。"

在杭州时，苏轼还曾举荐刘景文出仕，却未得重用。那时刘景文已近花甲之年，堪谓人生坎坷。苏轼为他写下："荷尽已无擎雨盖，菊残犹有傲霜枝。一年好景君须记，正是橙黄橘绿时。"

两年后，刘景文病逝，一生心愿付诸流水。然苏轼一首绝句，让他名传千古，亦不枉相识一场。

苏 堤 烟 柳

就在苏轼努力为政，诚心为民之时，朝廷于元祐六年（1091年）二月下一道旨意，将他召回汴京，充任翰林学士。他与杭州的缘分又到了尽时。他写信给下任太守，交代诸多细节，所为的，只是万民安乐，江山稳妥。

湖山有情，草木知心，皆为之送别。杭州的乡民对苏轼亦有太多的不舍，但该去时，终要去。就如苏轼在杭州送别钱穆父时，写下的那首《临江仙》。

> 一别都门三改火，天涯踏尽红尘。依然一笑作春温。无波真古井，有节是秋筠。
> 惆怅孤帆连夜发，送行淡月微云。尊前不用翠眉颦。人生如逆旅，我亦是行人。

天地之间，一如逆旅，那些穿行于紫陌红尘之人，皆为过客。不久前他送人远行，今日他又成了远行之人。往来之间，是没有终始的聚散，没有归处的离合。

离开杭州前，苏轼写了几首离别诗词。除了寄给参廖的，还有别南北山诸道人，写下的绝句三首，其一为："出处依稀似乐天，敢将衰朽较前贤。便从洛社休官去，犹有闲居二十年。"

苏轼与白居易有许多相似之处，虽自谦才名，于后人看来，实则

过之了。甚至在黄州时，"东坡"之名，也是取义乐天。就连二人在杭州留下的景致——苏堤与白堤，也是遥望相守。

白居易在遥远的盛唐，苏东坡则居北宋，彼此隔山隔世，却可成为知己，亦算人间妙事。

岁月这样明媚，人世多少无常起落都可以宽容，忽略不计。当下的日子，一阕词，一盏茶，一个知己，已然称心。

第二十七章

离人断肠

苏轼一生，
最风光的日子已经过去，不复重来。
风雨难测，起落由命，
这或许就是人生。

窗外草木翠绿，清洁如洗，往事的烟尘亦随之沉静。煮茶焚香，原本寻常之事，于这晚春的暮色下，竟生了温柔和敬意。

独坐案前，寂寞地写书。与历史相关的人物，我全然端敬，不敢疏忽。宋人的词句，有婉转多情，也有悲歌慷慨，一如他们的人生，变幻多姿，不够平然。

多少人可以为了江山万民，阔达到不问自身前程？东坡先生该算得上一个。其实，经历了数十年的宦海波涛，他的心早生归意，但

他迟迟难以彻底放下。并非他舍不下贪嗔爱恋，是这尘世尚有使命未完，他不宜走远。

苏轼于元祐六年（1091年）三月，离开杭州回京。一路上，他访闻灾情，见附近州县各处洪灾，十分痛心，将其情境写在表状里，并说："并是臣亲见，即非传闻。春夏之间，流殍疾疫必起。"

待他五月底到京后，竟遭弹劾，说他夸大其词，"论浙西灾伤不实"。那些官员居于汴京，天下钱粮所集，定无饥年，怎知民间疾苦。

那时，苏辙也颇得器重，曾出使契丹，今任尚书右丞；到次年，更升为门下侍郎。当初仁宗早已预见，苏家子弟颇有宰相之才。英宗更是欣赏苏轼，故英宗皇后（即高太后）喜苏轼之才，多受英宗影响。

今苏轼再回京，也许是要任职宰相。他的到来，令那些政敌惶恐不安，故他们不惜一切代价诋毁苏轼，甚至说他在杭州所筑苏堤"于公于私，两无利益"。

苏轼深知太后赏识之情，又念兄弟二人同居高官，招惹闲语，不胜寒凉。于三个月内，数次恳请外放。高太后心中不愿，但无奈其意坚决，只好依顺了他。

离 人 断 肠

这一次，应当是苏轼离权力最近之时，宰相之位唾手可得。他若为相，以其才力，足以治国。但他不喜朋党之争，厌倦与那些贪图私利、口蜜腹剑之人为伍。

偌大的朝堂，早已容不下他这样两袖清风的忠臣。他宁愿远行，亦不再与人交锋，如此，祸福皆不着于身。于是苏轼走了，去了颍州。

颍州也是秀丽之地，亦有西湖，虽不及杭州人文俊逸，却也风姿不弱。欧阳修曾任职颍州，留下深情，皆因此地的明丽之景、风土人情。有诗曰："菡萏香清画舸浮，使君不复忆扬州。都将二十四桥月，换得西湖十顷秋。"苏轼亦深爱其美，留句："大千起灭一尘里，未觉杭颍谁雌雄。"

"我性喜临水，得颍意甚奇。到官十来日，九日河之湄。"苏轼初到颍州，即心归渔樵，醉在云水间。西风杨柳，摇曳翠带，凉意惊荷，蜻蜓相逐。苏轼常与佳朋酒客相游湖中，寻诗觅句，赏月听琴。

元祐七年（1092年）二月，州堂前梅花大开，月色鲜霁。一时梅月相映，素雅清绝，情趣盎然。王闰之见苏轼赏月，在旁道："春月色胜如秋月色。秋月令人惨凄，春月令人和悦，何如召赵德麟辈来饮此花下？"

二人夫妻数载，苏轼不知王闰之能诗，今番听言，自是欢喜。随即招来友辈，小酌聚星堂，并填下一首《减字木兰花》。

> 春庭月午，摇荡香醪光欲舞。步转回廊，半落梅花婉娩香。
> 轻烟薄雾，总是少年行乐处。不是秋光，只与离人照断肠。

不久后，苏轼调往扬州，从初至颍州到离开，仅短短八个月。时间虽短，但苏轼心性未改，所到之处，他自勤政为民，不敢懈怠。

苏轼往扬州赴任，一路上视察民情，观田麦青青，看似丰年，却苦无人烟。他不让官吏随行，独自行入村落，访问乡民。谈及农事，他们皆有忧色，道出实情："丰年不如凶年。天灾流行，民虽乏食，缩衣节口，犹可以生。若丰年举催积欠，胥徒在门，枷棒在身，则人户求死不得。"

这时百姓因受变法遗殃，到了"丰凶皆病"之状。天灾或许尚能活命，人祸却难以避之。苏轼连上数书，为民争利，于这年七月得到回复。其表章中所提公债，得以宽免，让百姓稍可歇息，不再窘迫。

苏轼虽与扬州初识，然这里的山水风物于他太过熟悉，仿佛故旧。于此地，苏轼并不拘谨，与风物相亲，和乡人知心。

高　人　断　肠

唐人杜牧有句："二十四桥明月夜，玉人何处教吹箫？"循着古人笔墨，再赏扬州风景，更得神韵。历史上多少高才诗客写下风流文字，苏轼亦留下了惊艳的一笔，有句："试问江南诸伴侣，谁似我，醉扬州。"

几个月后，苏轼便辞别扬州，再次被召回京城，任端明、侍读二学士。他知京城有太多人藏于暗处，时刻等候机会欲加害他。但他无暇理会，亦不畏惧，他平正明达，往来如风。

半年多后，于元祐八年（1903年）六月间，他受命定州。苏轼的人世之路一直都在流转，无有停歇。然在他还未赴任前，王闰之病逝，一个月后，高太后也去世了。

苏轼无常的命运，至此又跌入深渊，之后再没有登高的机遇。苏轼一生，最风光的日子已经过去，不复重来。风雨难测，起落由命，这或许就是人生。

高太后掌权这几年来，苏轼深得重用，无论在京还是外任，皆以翰林学士之名。他为政也好，济民也罢，虽不至有求必应，也是呼之有答。遭数次算计，历几番险境，最后都是安然无恙。但如今高太后离世，或许一纸虚言，便可伤其性命。

王闰之自嫁给苏轼，与之相伴二十五载，踏遍南山北水，共偿

十州风土。有人说，情是相守，当甘苦与共，至死不渝。那赵明诚弃下李清照，缒城而遁，又算怎样情深？有人说，情是知心，自朝思暮想，天涯若邻。那元稹抛弃崔莺莺，一诺成空，娶名门之女，留红颜殒命，又算如何？

苏轼非薄情之辈，虽心念亡妻王弗，爱慕朝云，但对王闰之始终敬重。王闰之不谙诗词，却温柔贤惠，不是苏秦妇，亦不是季常妻。苏轼虽未与她多写诗句，以抒幽情，却在文中，时或见之。

王闰之曾在杭州西湖与苏轼同赏烟水。她眼中或无诗情画意，却一直让苏轼心安，得以尽情游赏美景。苏轼曾写句："腊日不归对妻孥，名寻道人实自娱。"她的贤惠，亦深得苏轼赞许，将她比作孟光，留句："可怜吹帽狂司马，空对亲春老孟光。"

在湖州，苏轼被捕，王闰之惊惧之余，将那些招致灾祸的诗文悉取烧之。对此，苏轼未生半句责备，深知她心急所致，乃是常情。在狱中，苏轼曾留绝命诗，牵挂的除了苏辙，便是王闰之，并写道："额中犀角真君子，身后牛衣愧老妻。"

她伴其走过黄州，入文《后赤壁赋》。"妇曰：'我有斗酒，藏之久矣，以待子不时之须。'于是携酒与鱼，复游于赤壁之下。"一斗酒，换一篇文，情逸黄州，传唱千古。

离　人　断　肠

从密州开始，苏轼渐至家贫，初到黄州时，更是杖头钱疏，数米而炊。其间居家用度，皆是王闰之费心操持。她辛劳持家，与苏轼同度穷岁，一生无悔。这等贤淑，让苏轼深为感激，并道："子还可责同元亮，妻却差贤胜敬通。"

苏轼铭记其德，感其深情，写下《祭亡妻同安郡君文》，以为哀悼。在苏轼三位红颜中，王闰之似茶，一朝一夕，几多年岁，浓淡不改，苦甘任之，颇有大家之风。落魄黄州，躬身耕织，一无怨言；居在汴京，锦衣玉食，仍自俭约。

苏辙《祭亡嫂王氏文》有语："贫富戚忻，观者尽惊。嫂居其间，不改色声。冠服肴蔬，率从其先。性固有之，非学而然。"寥寥数字，深绘其志。

苏轼与王闰之本欲待年长时，同归故园，于眉山相携终老。谁道鸳鸯失伴，断羽独飞。苏轼深念其贤，在祭文中写道："惟有同穴，尚蹈此言。"

数年后，苏轼于常州去世，苏辙将他和王闰之葬在一处，以成其愿。虽未能同归眉山，却也是同穴同眠。自此，枕着风霜，化作尘土，无论魂灵何在，可同听风雨，共沐月光。

那年九月，苏轼离京上任，将王闰之灵柩置妥，携家远行。曾经

执手同来之人，骤然离去，想来，心生悲感。纵有朝云相随，又怎可替代她之情意。

缱绻缠绵时，是他；断肠心碎时，亦是他。人生，若无拥有，便无谓失去；若无喜乐，便无意伤悲。既然给不起永远，又说什么暮暮朝朝？光阴漫长，故事尚未结束，情缘终是寂寂。

第二十八章

罗浮仙梦

天地本是逆旅，
众生不过借住而已，
何来主客之分，
只是多情之人误定了宾主。

　　灯下饮茶，室内清暗，当下的时光温柔亦安定。无历史，无流离，无相知，也无相离。人世的真实岁月，我只要婉约安静，不要富贵豪气。

　　想着千年前的夜晚，苏轼和朝云寄宿于哪家客店，又共饮了一壶叫什么名字的清茶？夜坐私语，窗外人影声息，而今唯愿守着彼此，同生同死，再不要有伤离。

　　苏轼于元祐八年（1093年）九月间，告别京中故旧，起身前往定

州。此次出发前，苏轼辞行，哲宗以"本任官阙，迎接人众"为由，不肯接见。

苏轼知事态不稳，君心难测，在与苏辙离别诗中写道："去年秋雨时，我自广陵归。今年中山去，白首归无期。客去莫叹息，主人亦是客。对床定悠悠，夜雨空萧瑟。"

去年苏轼从扬州归来，恰逢秋雨蒙蒙，细话欢情。今番行去定州，又逢潇潇雨境，别意无边。一样的如愁细雨，打湿了蓑笠，惊落了草木，亦触动了婉转诗肠。

"白首归无期"，是一种凝练的悲感，亦是人生近老的况味。漫漫天涯，语重心长，这一切，是因为苏轼对哲宗太过了解，毕竟有过几载侍读，深知其品性。

他心底透彻明净，早已不屑于任何权贵。无论是安住当下还是飘零远方，于他无有区别。天地本是逆旅，众生不过借住而已，何来主客之分，只是多情之人误定了宾主。归去，还是一蓑烟雨任平生。

定州也是一座古城，这里北临契丹，乃边关军事重地，却"军政坏弛，诸卫卒骄惰不教，军校蚕食其廪赐，前守不敢谁何"。

罗 浮 仙 梦

苏轼深思熟虑，将当下的颓状细细梳理。任职半年间，他因事行法，整饬了军纪，修筑了营房，并增修弓箭社，救济灾民等，做出一番成就。

闲暇之时，不忘的仍是山水雅趣。他将居所取名为"雪浪斋"，在此品清茗，赏窗雪，伏案书写。对着山石，能得雪浪千寻；临着修竹，可会翠海万顷。

到了次年，朝中改元祐九年（1094年）为绍圣元年。四月，章惇为相。章惇乃苏轼故旧，二人一直有往来。苏轼任职凤翔时曾与之同游，章惇还渡潭题字，留下风雅。乌台诗案，章惇犹替苏轼开解罪名。

但自从高太后执政，贬谪新党，又有洛、朔诸党肆意追赶，章惇已对旧党诸人怀恨至极。此番他回朝，为谋私利不择手段，亦丢失了当年的自己。"以娼优女色败君德，以奇技淫巧荡君心。"后来有人这样弹劾他。

章惇视苏轼为敌，且决意"追杀穷寇"先从他起。苏轼本不入党派之争，超然于外。然诸党相争，皆因他起，多是他心中无权，坦荡磊落，只求事理，不知进退，妨碍了别人的利益。

这次谪贬，所谓罪名，亦无新意，不过旧调重弹，说苏轼"毁

谤先王"。于是，朝廷下旨，将他贬往英州。苏轼领着家眷，匆匆南去，然一路上竟又三番降职。

念路途遥远，苏轼将家眷遣回宜兴，留田园居住，唯与朝云并苏过前往。这时苏辙也被贬职，谪守汝阳。苏轼因贫囊无奈，到苏辙任处索钱七千缗，供家人花销。他生性阔达，不善经营，多年为官，仍是家徒四壁。

南行路上，因新党得势，诸多方面已经改变。定州的官吏不肯送往，而英州的官吏迟迟不来，又无雇车买马之资。苏轼念其状，上书皇帝，写下《赴英州乞舟行状》。

其间文字，深述悲苦，感人至深："道尽途穷，譬如中流失舟，抱一浮木，恃此为命，而木将沉，臣之衰危亦云极矣。"

这次上书，得到应允。待苏轼抵达南昌，又降一级，以宁远军节度副使，到惠州安置。

一路上山水如故，映着飞云落日、羁客行人。再过庐山，情怀难旧，古来多少豪杰诗者，在此留下几多名诗佳词。只是，今时的他们，又去了哪里？千百年后，声名俱空，不过是陪衬了别人的风景。

罗 浮 仙 梦

苏轼看山云游走，观倚天之峰，感幻象迷离，叹光阴如梭，写下一篇《归朝欢》。有句："我梦扁舟浮震泽，雪浪摇空千顷白。觉来满眼是庐山，倚天无数开青壁。此生长接淅，与君同是江南客。梦中游，觉来清赏，同作飞梭掷。"

他行走在山河间，随景而驻，有句即吟，过大庾岭，写下："浩然天地间，惟我独也正。"其间气势，足可显见。

苏轼于十月二日到达惠州，寓居合江楼。初在路上，苏轼自忖，惠州无旧识，相亲唯山水，更何况它乃烟瘴之域、流放之地，定然穷山劣水，困苦不堪。但来到后，却发现并非如此，实则风景奇秀，山水若画。此地草木新奇，荔枝、槟榔、黄柑、朱橘，比之别处，更见风情。

苏轼乃当朝泰斗，闻名天下，贬至惠州僻地，当地人十分敬重他。"到惠将半年，风土食物不恶，吏民相待甚厚。"这里户户飘香，家家酿酒，"岭南万户皆春色，会有幽人客寓公"。苏轼喜酒，置身其间，可谓鱼投翠池，蝶入锦丛。

时或太守邀宴，或近邻共饮，或良朋佳友，或樵客山僧，但有酒处，即可醉吟明月，笑揽山风。过往之事，无论悲喜沉沦，皆随岁月慢慢淡忘，不复想起。

在合江楼居了半月后，迁至嘉祐寺。这里地处郊野，破敝不堪，蚊虫又多，然多少困境，终不碍苏轼心情。不久后，已熟山知水，与鸡犬相识，和草木相通。

苏轼过广州时曾买檀香数斤，如今无公务缠身，又可心寄山水，参悟红尘，于那晨夕僻静之时、细雨飘零之日焚香静坐，亦有深趣。

初来惠州，苏轼依然清贫，幸亏惠州詹太守以及一些好友乡民时多救济，方可度日。近一年后，已是"衣食渐窘，重九伊迩，樽俎萧然"。

苏轼向王参军借来半亩农田，种菜解饥。因米粮匮乏，他与苏过半夜醒酒，觉饥饿时，煮菜以食，并写道："味含土膏，气饱风露，虽粱肉不能及也。人生须底物而更贪耶？"

朝云还是那煮饭烧茶的女子，无论怎样的困苦贫境，她都尽心相待，有情有义。苏轼更知人生苦短，只为所乐之事、所爱之人付出心怀。他道："人生如朝露，意所乐则为之，何暇计议穷达。"

宋时的惠州，市井寥落，不甚繁华，一天仅杀一只羊。羊肉有限，苏轼不敢与官家争买，即与屠子商量，取羊脊骨。煮熟后加些盐酒，再烤炙一番，摘剔而食，颇有逸味。这与"东坡肉"异曲同工，

罗 浮 仙 梦

皆寄着一段豁达情怀。苏轼在惠州还自酿了桂酒，自饮自醉。

这年十一月底，松风亭下梅花盛开，疏影浅淡，清香彻骨。想到隋开皇年间贬官赵师雄，于荒郊松林间，月下遇梅仙，不觉心神恍惚。今番对花对景，苏轼写下咏梅佳句，入笔清凉，直沁心扉。

> 罗浮山下梅花村，玉雪为骨冰为魂。
> 纷纷初疑月挂树，耿耿独与参横昏。
> 先生索居江海上，悄如病鹤栖荒园。
> 天香国艳肯相顾，知我酒熟诗清温。
> 蓬莱宫中花鸟使，绿衣倒挂扶桑暾。
> 抱丛窥我方醉卧，故遣啄木先敲门。
> 麻姑过君急扫洒，鸟能歌舞花能言。
> 酒醒人散山寂寂，惟有落蕊黏空樽。

罗浮山下的梅花冰清玉洁，孤标无尘。它恰似飞过人间，不惹尘埃的孤鹤；如行过江海，不拘俗物的苏子；亦如白璧无瑕，敏而好义的朝云。篱畔幽香，熏染了佳人清梦；窗台瘦影，惊艳了古人妙诗。

这年冬天，苏轼表兄程之才，任职广州。章惇为打压苏轼，苦寻旧隙，得知二人恩怨，欲借之以除苏轼。

程之才曾娶苏家八娘为妻，后来八娘病亡，苏洵因此与程家大闹

一场，断绝关系。四十多年来，顾着父意，苏轼不曾与他往来。今让他领提刑一职，提点冤狱，专寻治下官民过失。可见章惇之意，太过歹毒。

幸而程之才并非小辈，苏轼与他通了书信，再叙旧好。正是因了程之才的到来，苏轼重新有了兴致，亦有了机遇，得以为民谋事。不久后，苏轼即搬回合江楼居住。

将心寄在山水，人则清淡；寄于江海，人则潇洒。苏轼之心，在云空之上，系天下苍生。他的文字，万象纷纭，终将超越千古。他的故事，惊动山河，亦将流传百代。

第二十九章

天女维摩

她霞衣云鬓，彩袖轻飘，
罗袜生尘，翩若惊鸿，
随东风行过，留一眼情深、一世芳名。

夜色深浓，大雨不止，让人心思难安。又觉万物生灵，当自有归宿，不必平添烦恼。明晨醒罢，又是天地清明，什么事都不会发生。

千古文人大抵相同，无论处于何境，只要落在风景里，便知足常乐。若世上的荣华相伴，亦是无有用处，不过是陪衬。若人间的景致相随，则是情深义重，叫人感念知恩。一树花事，一盏香茗，乃至落叶空山，炊烟暮霭，都有诗情，存雅意。

苏轼即是如此，纵落人烟稀少处，无多邻伴，亦不觉孤寂。他解

莺言雀语，可与竹木交心，同飞云对句，共长风赋篇。于他心中，林木花鸟各得异趣，石泉云壑皆隐禅机。

惠州万户春酒，令苏轼日日沉醉，不愿醒转。他建了思无邪斋，与朝云为伴，共消长岁。世间女子，独朝云是知音，与他修缘分，同哀乐，共甘苦。

朝云天生丽质，气韵若兰，不是惊艳，眉目间却清新出尘。秦观曾有句赞她："美如春园，眼如晨曦。"她到底有多美，秦观有一首《南歌子》，可见其风韵。

　　霭霭迷春态，溶溶媚晓光。不应容易下巫阳，只恐翰林前世是襄王。
　　暂为清歌驻，还因暮雨忙。瞥然归去断人肠，空使兰台公子赋高唐。

在秦观眼中，朝云便是宋玉笔下的神女，飘落凡尘，只为襄王一梦。自古红颜佳丽，一如春花，繁艳盛极，让人深记的却又不多。汉有卓文君，唐有薛涛，宋有李清照，朝云因了东坡高才，而更有情意，灵巧娴静。

对于朝云，虽然苏轼不算"情有独钟"，但在他心里朝云也非寻常女子。朝云与之冷暖相伴，再难割舍。他亦为朝云填下一首《南歌

天 女 维 摩

子》，令人心醉神痴。

> 云鬟裁新绿，霞衣曳晓红。待歌凝立翠筵中，一朵彩云何事下巫峰。
>
> 趁拍鸾飞镜，回身燕漾空。莫翻红袖过帘栊，怕被杨花勾引嫁东风。

读罢词句，但觉朝云本即仙女，偶过凡尘。她霞衣云鬟，彩袖轻飘，罗袜生尘，翩若惊鸿，随东风行过，留一眼情深、一世芳名。

比起先时，如今的朝云，更是秀雅端庄，聪颖无比。她伴苏轼风雨人生，宦海起伏，深知其所思所想，甚至为人处世，两人也是不谋而合。苏轼得此红颜知己，是他的福分。当下妻妾散尽，他对朝云更加顾惜。

在汴京时，一日苏轼退朝归来，用罢餐饭，扪腹徐行，问群婢道："汝辈且道是中有何物？"一婢女说："都是文章。"苏轼不以为然。又一人说："满腹都是见识。"苏轼未以为当。至朝云，她说："学士一肚皮不入时宜。"苏轼听她说到切处，不禁捧腹大笑。

正是这种相知之情，让苏轼不管身在何处，亦能心有所寄，不至零落。当年初仕杭州，"欲把西湖比西子"之句可是因见着朝云，起

思而成？

在扬州任职时，他对朝云的思念之情足以深见。"作个归期天已许。春衫犹是，小蛮针线，曾湿西湖雨。"苏轼把朝云比作小蛮，身上衣衫，犹是朝云裁就，思念如雨，湿了幽人梦枕。

朝云本是聪敏之人，身为歌妓时，亦沾染了江南烟雨，满身仙气。十二岁到了苏家，与苏轼相伴朝夕，耳濡目染，承袭他脱俗气韵。女子气质，未成之时，多为家庭熏陶，诗书浸润。及长成后，则移于相爱之人，与之相知相惜。

所谓遇雅则雅，遇俗成俗。朝云所陪伴的，乃是千古第一全才。故年岁久后，她对诗词歌赋、书法绘画以及参禅炼丹，皆生兴致。与其说她爱好广泛，博学多才，莫如说是因她深爱东坡居士。

女子的爱，比之男子，更为刻骨彻底。当初繁华聚散，尚有故旧，而今天涯追随，唯剩朝云。她待人待物，一样清好，贫富贵贱，都觉称心。

自从苏轼失势，那些所蓄歌姬尽已离去，独朝云不远千里，随了前来。在这穷苦时日、飘零岁月中，又乐其所乐，爱其所爱。她的喜好，即是与良人朝夕相对，赌书泼茶，纵无名分，亦无怨悔。

天 女 维 摩

　　她不是苏轼的妻，二人却过的是夫妻相敬如宾的日子。堂前敬茶陪客，厨下烧饭洗衣，朝云的好，让人敬重。苏轼深感其情，来惠州不久后，有诗赞之。

> 不似杨枝别乐天，恰如通德伴伶玄。
> 阿奴络秀不同老，天女维摩总解禅。
> 经卷药炉新活计，舞衫歌扇旧因缘。
> 丹成逐我三山去，不作巫阳云雨仙。

　　受苏轼感染，朝云早已远离舞衫歌扇，移心经卷药炉。她学佛参禅，又学葛洪炼丹。她的冰洁，若雪水煮茶；她的气韵，似清风拂月。

　　朝云还与苏轼建了放生池，行善积德，故苏轼喻她为散花天女。她还会清弄歌喉，为他谱曲唱词。苏轼在来惠州后，第一个春天，填下一首《蝶恋花·春景》，时常让朝云吟唱。

> 花褪残红青杏小。燕子飞时，绿水人家绕。枝上柳绵吹又少，天涯何处无芳草？
> 墙里秋千墙外道。墙外行人，墙里佳人笑。笑渐不闻声渐悄，多情却被无情恼。

　　人间最美是春光，然春光尽处，却是伤情。花褪红影，青杏初

成，在这残春时节，纵为远行，天涯何处，不可归去？多情之人，注定在别人的喜乐里，或忧或恼。

她是佳人，伴他从盛年锦时渐至衰老，走过日月山川，一路风起浪涌，至死相随。世间相交，除了志趣相投，更为可贵的，是心有灵犀。

朝云与他心意相通，一个眼神、一片词句，无须多言，便深知一切。苏轼对朝云，终有愧疚之意。虽是相守，终非夫妻，况朝云幼子夭折，人间再无故旧。

她就是这样冰洁的一个人，伴在他身边，万物与之，皆无任何牵绊。此生为他来到红尘，待其有情有礼，度一段如流岁月，便潇洒离去，不说悲喜。

第二年端午节，逢朝云生日，苏轼写下两首词，其一为《浣溪沙·端午》。

> 轻汗微微透碧纨，明朝端午浴芳兰。流香涨腻满晴川。
> 彩线轻缠红玉臂，小符斜挂绿云鬟。佳人相见一千年。

多少相爱之人相约白头，终成空愿。执手容易相守难，同甘容易共苦难，更莫说相濡以沫，生死与共。朝云可随他海角天涯，苏轼可

天 女 维 摩

容她渐老韶华，但人生聚散，终是天意。

自来惠州，朝云水土不服，身体渐弱。苏轼曾几番劝她离开，她自是不肯，誓要追随。她是那婉顺端静的女子，不惧凋年残景，唯怕生离死别。

这年秋天，苏轼与朝云闲坐，时青女初至，落木萧萧。苏轼一旁饮酒，让朝云唱《蝶恋花·春景》。朝云歌喉将啭，不禁泪满衣襟。苏轼问其缘故，她说："奴所不能歌，是'枝上柳绵吹又少，天涯何处无芳草'也。"正是她太了解苏轼，念及种种，故为落泪。

绍圣三年（1096年）七月，朝云病亡，苏轼终生不复听此词。朝云去时，年方三十四岁，与苏轼执手相看，念《金刚经》四句偈："一切有为法，如梦幻泡影，如露亦如电，应作如是观。"念罢，溘然长逝。

朝云如一朵莲花，出于西湖烟水，带着月华玉露，走过红尘，不留片痕，清香百代。她去后，苏轼孤身到老，再未纳妾。他已看尽离合，如今琴断音销，世无知音。

朝云离世，苏轼伤心断肠，为她写墓志铭，并一篇《惠州荐朝云疏》，还有几首悼亡诗词，字字相思，句句伤心。万般情深，奈何缘浅，这漫长的人世之旅，他终究还是要一个人走下去。

苏轼在《雨中花慢》里写道："丹青入画，无言无笑，看了漫结愁肠。襟袖上，犹存残黛，渐减余香。一自醉中忘了，奈何酒后思量。算应负你，枕前珠泪，万点千行。"

最为世人所知又所喜的，则是这首《西江月·梅花》。

> 玉骨那愁瘴雾，冰姿自有仙风。海仙时遣探芳丛，倒挂绿毛幺凤。
> 素面翻嫌粉浣，洗妆不褪唇红。高情已逐晓云空，不与梨花同梦。

这首词，写尽朝云风骨，余韵徘徊。她高情若梅，不与凡花同梦；玉骨仙姿，不与世卉争芳。恰是这样冰洁的朝云，留给后世太多的诗笔、不尽的词意。

倘若不曾遇苏轼，朝云或犹在西湖，于那柔水翠山间，清歌婉转，衣食无忧。遇着苏轼，她数载江湖，尝尽甘苦，无名无分，客死他乡。

遇与未遇，谁对谁错？但以苏轼无尽才思、脉脉柔情，足抵朝云一生富贵、数载安然。一路上，水远山遥，她甘愿，也甘心。因为他，她成了宋词里的女子，背负历史，名传千载。

天 女 维 摩

依朝云遗愿，苏轼将她葬在栖禅寺附近那片无边松林中。这里对着湖光佛寺，听着山溪婉唱，云水相伴，是她最好的归处。

附近僧人共募钱财，筑亭其上，名之为"六如亭"。苏轼亲笔写挽联："不合时宜，惟有朝云能识我；独弹古调，每逢暮雨倍思卿。"

元明时期，朝云墓周围有梅、松千株，守墓百家。她的名气，在后人心中，已然超越了许多豪杰。正是她的"敏而好义"，天涯相随，让后世深为敬仰。

恰如何绛《朝云墓》所说："试上山头奠桂浆，朝云艳骨有余香。宋朝陵墓俱零落，嫁得才人胜帝王。"

此时，朝云化成了一岭梅花，冰清玉洁，孤标不群。后来，她被曹公记得一笔，写在《红楼梦》中，列入聪俊灵秀之类、奇优名倡之流。

第三十章

天涯海角

怅望天下，河山浩荡，
多少故人，转身陌路。
今生回眸，能换取的，
也只是一溪云、一壶酒、一盏茶。

曾经，她是他的风景，是他的辞华，是他今生不变的红颜。曾经，她低低坐于他的身边，笑语清和，端正美好。她终离去，不要了人世红尘，也不再为他洗笔研墨、掩帘煮茶。

朝云走后，苏轼守在岭南，虽然孤单，但心思亦不因此沉落。他并非情种，更不是薄情之人，只是适时拿起，懂得放下。这一生，经过太多风浪，失去三位妻妾，犹未停止漂泊。

苏轼在惠州官位低微，无权行政，却依旧心系乡民。他说："君

天 涯 海 角

子有责于斯世，力能救则救之，力能正则正之。"苏轼于惠州三载为民谋利，或在旁建议，或亲身为之，做了许多善事。

附近州县遭遇火灾，满城焚烧殆尽，苏轼怕官衙趁机行弊，对程之才颇多建议。因见惠州四面有水，居民出入不便，他细心勘察，建议并参与修建了两桥一堤。

西枝江流水湍急，在与东江交汇处，协同罗浮道士邓守安，以四十舟为二十舫，铁锁石矴，起一座浮桥，横穿水面，随水涨落，接通了人来人往，名为"东新桥"。又在丰湖上起一座长桥，既可点缀湖光，又能便于乡民，名为"西新桥"。

工程进行一半时，因银两短缺，无法继续施工。苏轼将皇帝所赐犀带捐出，并传书鱼雁，求助于苏辙。苏辙夫妻二人见信，甚为感动，亦捐出了许多金钱助救惠民，方才使其完工。

庆功之时，城中百姓欣喜若狂，苏轼诗中可见其状："父老喜云集，箪食无空携。三日饮不散，杀尽西村鸡。"

苏轼还推广秧马，以助农事；兴建水磨，以省民力；施助医药，以救瘴毒。又因广州多饮咸水，瘟疫流行，苏轼助太守王古，修输水道，引水蒲涧，以供居民饮水，深惠万千城民。

当他得知北归无望时，决定寻个去处，买田筑屋，蔽得风雨，终老惠州。他心存大爱，对这方山水生了情感，亦喜这里的淳朴民风。

苏轼喜欢吃荔枝，每逢荔枝成熟之季，他都沉醉其间，啖之无数，并写道："罗浮山下四时春，卢橘杨梅次第新。日啖荔枝三百颗，不辞长作岭南人。"

想当年，歌妓柔奴说："此心安处，便是吾乡。"苏轼当下心有感触，愿在此长住下去，守着朝云之墓，不再伤离。他是惜物之人，故与之相关的旧物，乃至草木，只觉万般都是情意。

人世若飘尘，他心思却静了下来。他自比陶潜，在隐逸的田园中寻到归处。此间，苏轼和了许多渊明诗，秋雨瓦屋，松菊皆静。

后来，苏轼在白鹤峰上寻到一处，心中欢喜。于是开始修建，伐木陶瓦，造屋二十余间。等新居上梁时，他写道："古邑为邻，绕牙樯而南峙。送归帆于天末，挂落月于床头。"万般山水，皆是他笔尖细墨。落月寒星，亦是他枕上诗思。

能与大文豪苏轼为邻，当是千古幸事。心中深羡读书的翟秀才，还有那位卖酒的林婆，苏轼与他们相善，曾留句："林行婆家初闭户，翟夫子舍尚留关。连娟缺月黄昏后，缥缈新居紫翠间。"

天 涯 海 角

想那暮春时节，红紫新翠，听他临风吟哦，轻弄才思；或与他谈山论水，述史说今；或与他漫煮佳茗，研修禅道。真乃平生乐事！

林婆也是佳邻，常送苏轼酒喝，一杯薄酒，却是几多情义。于这偏远之地，任何的交集都令人感动。苏轼每饮酒醉，睡起之时，落笔为文，才思如涌。

自去岁三月买地，到绍圣四年（1097年）二月迁入，近一年时间。苏轼欲在山上挖井取水，与西邻共用，并写诗以记："待凿平江百尺井，要分清暑一壶冰。"此次挖井，挖下四十尺，搬去岩石后，方见一汪清泉，满瓶雪乳。

又种得数色果木、几树茗茶。自此，对着青山秀水、翠鸟鸣禽，可逍遥度岁了。身畔虽无朝云，然其长子苏迈领了家人前来，一时子孙满堂，笑语纷如。苏轼颇享菽水之欢，得山林之乐，在与友人书信中写道："新居在大江上，风云百变，足娱老人也。"

世事动荡不安，好景难长，当苏轼想长居惠州，不复归去时，调令又至。修好的人间别院、世外仙源，转瞬成了红尘驿馆。

章惇在京，见他一首《纵笔》诗："白头萧散满霜风，小阁藤床寄病容。报道先生春睡美，道人轻打五更钟。"读罢，自言道："子瞻尚快活尔。"于是，调令到处，一纸天涯。

近三年的惠州生活，亦是苏轼风华去处。如黄庭坚所说："东坡岭外文字，读之使人耳目聪明，如清风自外来也。"正是远去江湖，亲山近水，才有他的辞华万丈，留世佳篇。

他用人生所有的际遇，换取了深邃的才学，可谓"有所失，必有所得"。临行前，苏轼对着精心打理的屋舍心痛难舍，忍不住泪流，写下伤情的诗句。

> 南岭过云开紫翠，北江飞雨送凄凉。酒醒梦回春尽日，闭门隐几坐烧香。
> 门外橘花犹的皪，墙头荔子已斓斑。树暗草深人静处，卷帘欹枕卧看山。

他将惠州山水藏于画中，收入行囊，放下这片房舍、这方田园，自此，踏上别程，一去不返。

苏轼被贬去儋州。那时的海南岛，是个荒凉野蛮之地，汉人很少，以黎族为多。行到此处，死生难料，不知会遭遇几多灾险，于宋代官吏来说，酷烈处，仅次于死刑。

此时的苏轼已年过花甲，况病体随身。一个垂老之人，还要经受风霜，远赴天涯海角，忍饥挨饿，旦夕生死，何等凄凉。但他是河边翠竹、岩上青松，尤惧寒雪，无畏摧折。

天 涯 海 角

苏轼心中深知其情，未作生还之念。临行前，已置妥后事，在与王古信中写道："某垂老投荒，无复生还之望，昨与长子迈诀，已处置后事矣。今到海南，首当作棺，次便作墓，乃留手疏与诸子，死则葬于海外，庶几延陵季子赢博之义，父既可施之子，子独不可施之父乎？生不挈棺，死不扶枢，此亦东坡之家风也。"

这时，苏辙亦被贬雷州。他在藤州迎着东坡，二人携家人慢慢行去。这种生离死别的心情，在起落的步履间，怅然沉重。

阡陌之上，多情的蜂蝶不知人世喜忧，依旧翩然起舞，惹起闲尘，转而飞入深丛。无情的雀鸟，亦在房檐篱间，争着片粮颗米，不问凡尘苦乐，起废兴衰。

抵达雷州，离别之日，众人悲伤哭泣，心碎肠断。落笔至此，亦不禁为苏轼心痛神伤。他一生太多颠簸，太过曲折，亦太过悲凉。若无非凡的定力、坚韧的信念，何以在风涛骇浪中穿行？

王安石在任时，两党之间只是斗争，到如今，章惇则是酷冷残忍，不留情面。苏家子弟皆受到牵连，或遭贬，或丢官，下场悲惨。

曾与苏轼交往的官员，亦未能幸免。章惇见程之才无意祸害苏轼，不久后即将其调走；后以"妄赈饥民"之罪名，将广州太守王古贬往别处。

若当初苏轼守在阳羡，执意不赴汴京，或有十几载清闲光阴——躬耕田园，岁老菊圃，有陶潜句，白衣酒；有东篱花，南山云。那时，朝云于江南烟水地，栽竹植梅，烹煮闲茶，坐禅修行，亦不会断魂惠州，留下千古遗恨。

但一切都只是想象，纵算他退隐山林，朝廷中的那些阴险之辈亦未必相容。苏轼名望太高，才学过甚，他的正直，他的存在，会让他们寝食难安。

当年屈子心怀香草，身赴汨罗，亦是其高洁的灵魂无法屈服于污浊的红尘。若不能远避，必受其伤。别无他法之时，唯有坦然相待，淡漠生死。

苏轼同其三子苏过一起，于绍圣四年（1097年）六月离开雷州，乘船抵达海南岛。于七月初，到达儋州这片"天气卑湿，地气蒸褥"之地。

儋州气候潮湿，城中弥漫着腐朽之味，秋夏之交，又逢雨日，其况更甚。苏轼择一处居所，住了下来，开始了又一段贬谪岁月。此一生遭逢了多少灾劫，早已模糊不清，让他铭记的，是那些曾经有过的种种情意。

苏轼到儋州不久，来了一位上司，名叫张中。他久闻苏轼才名，

天　涯　海　角

对其敬仰崇拜，颇为友善，安排苏家父子二人住入一所旧官舍里。

虽是官舍，却破旧不堪，轩窗残败，屋顶漏水。每逢雨来，苏轼将床铺多处搬移，不得安眠。张中见状，着人修缮一番，屋舍简净，总算得以安身。

那时，四海飘零，居无定所，只作是天涯。如今，远处荒地，红尘孤影，已在海角。

怅望天下，河山浩荡，多少故人，转身陌路。今生回眸，能换取的，也只是一溪云、一壶酒、一盏茶。

第三十一章

人生秋凉

日月山川，如他襟怀，
坦荡无私，毫不遮蔽。
然尘世里的炊烟人家、瓦屋深院，
何处又是他的隐身之所？

人生的所有努力、一世修行，皆是要将原本无趣的生活过得有趣，让无情之命运变得有情。此间，有太多的枯荣兴盛，经风雨离合，到最后亦未必称心如意。浮华过尽，但求冰洁，行于无悔。

诗人眼中，一叶一花，皆是辞采。画者眼中，一山一水，皆是墨渍。而修行人眼中，悲欢离合、生老病死，皆是磨炼，均为常态。

苏轼在儋州，于逆境中生存，亦不肯退缩，纵客死他乡，也是慷慨解脱。他悟到"寿夭无定，习而安之"之理，不复为处境担心。他

人　生　秋　凉

相信"一呼之温，一吸之凉，相续无有间断，虽长生可也"。

昼长人静，光阴若水，不觉到了绍圣四年（1097年）中秋。许多年前，苏轼曾在密州，大醉后对月填得《水调歌头》，流唱古今。此番临着无边海水，寥落星辰，填下一首《西江月》。

　　世事一场大梦，人生几度秋凉。夜来风叶已鸣廊，看取眉头鬓上。

　　酒贱常愁客少，月明多被云妨。中秋谁与共孤光，把盏凄然北望。

世事如梦，人生秋凉。他的词境，不似当年那般潇洒放达，却多了几许深沉的况味，以及淡淡的凄婉。岁月缓缓移过，那时尚有妻妾相伴，朝夕共处，今时人去音渺，唯明月依旧，把盏凄然。

苏轼著诗文，并非不知世事险恶，纵情歌咏；更不是难脱身境，聊以自慰。他是深知其处境之晦暗，却凭借悟性和真性情，寻到了去处。

他与苏过居在海南，穷苦潦倒，比起在惠州，唯一的好处则是无瘴气之忧。"此间食无肉，病无药，居无室，出无友，冬无炭，夏无寒泉，然亦未易悉数，大率皆无尔。惟有一幸，无甚瘴也。"

无肴馔，唯有野菜充饥；无医药，一任自生自灭；无诗友，所对草木石土；冬无暖炭，夏无寒泉；无佳节，更无良辰。

就连居住在旧官舍，亦不被允许，章惇派人前来，将之驱逐出去。帮衬他的张中，也因此被革职。到如今，无处可居，只好倾囊买地，在城南一处，建了一座简陋居所。因其屋后满是桄榔，故名为"桄榔庵"。

当下，囊空无钱，无食无肉，唯有在桄榔庵中，数着春秋冬夏，靠别人救济度日。虽有远方友朋寄来钱物，更有道士吴远游来儋州看望，终也是清苦度日。

元符元年（1098年）冬天，因秋季雨多，来往船只停运，致使粮米不继，苏轼父子逐渐到了无物可食之境。父子二人对坐，"如两苦行僧尔"。无奈之余，只好日煮野菜而食。

苏轼强忍饥饿写道："天地在积水中，九洲在大瀛海中，中国在少海中。有生孰不在岛者？譬如注水于地，小草浮其上，一蚁抱草叶求活。已而水干，遇他蚁而泣曰：'不意尚能相见尔！'小蚁岂知瞬间竟得全哉？思及此事甚妙。"

天地一瓯，人寄其间，不过如一蚁浮在积潦，以大者观之，实在太过渺小。而小处看来，却是广阔无边。人之得失，不在多寡，在

人 生 秋 凉

于身心高度——伫立原地，弥望数里；登上峰顶，眺望百里；寄身月宫，则俯瞰天下。

腹有诗书何用，怎抵一餐温饱？但恰是这些诗书，让他有了心灵的寄托。他是那林翠竹，风来我动，风去我止，坚毅刚劲，不折不屈。

然世俗这般真实，一文钱，亦有了人生的重量。一日，苏轼行走乡间，遇到一位七十岁老妪。她看苏轼如今形状，叹道："内翰昔日富贵，一场春梦！"

苏轼无言作答，深以为然。自此，里人呼她为"春梦婆"，亦为后人留下一个典故，和一个更为洒脱的苏子。

虽身处蛮荒之地，他亦不失快乐，曾在信中说道："尚有此身付与造物者，听其运转流行坎止无不可者，故人知之，免忧煎。"

人之所求，或许不是简单的快乐，而是一种心安。所谓的"满足"，原本即是奢侈，纵有高官厚禄、香车宝马，亦难填内心的沟壑。世上万般繁华，终有一日会消逝如烟，那时，又该拿什么来释怀？

苏辙在《追和陶渊明诗引》中写道："东坡先生谪居儋耳，置

家罗浮之下。独与幼子过负担渡海，葺茅竹而居之。日啖薯芋，而华屋玉食之念不存于胸中。平生无所嗜好，以图史为园囿，文章为鼓吹，至是亦皆罢去，独犹喜为诗，精深华妙，不见老人衰惫之气。"

自苏轼来到儋州，已经不多为文。昔日的华屋玉食，早荡然无存。曾经有过的嗜好——图史文章，皆可作罢。如今只喜为诗，不见任何衰惫之气。此种难得的精神，堪称人中豪杰。

颜回身为孔子最得意的门生，"一箪食，一瓢饮，在陋巷，人不堪其忧，回也不改其乐"。他是离君子最近的一位。而苏轼"人不堪其忧，公食芋饮水著书为乐，时从其父老游，亦无间也"，离君子亦不远矣。

但苏轼不同于孔子诸人，栖栖遑遑，深入红尘。他有独特的人生观、价值观，融合释道儒之长，又不拘泥其间。苏轼诗词，不乏孤寂、哀伤之情，但他并不纠缠于此，而是从中得到超脱。

在儋州的某个春天，苏轼和友人汲水煎茶，作诗《汲江煎茶》为寄。

活水还须活火烹，自临钓石取深清。

人 生 秋 凉

> 大瓢贮月归春瓮，小杓分江入夜瓶。
>
> 雪乳已翻煎处脚，松风忽作泻时声。
>
> 枯肠未易禁三碗，坐听荒城长短更。

从汲水、舀水、煮茶、斟茶、喝茶到听更，诗境细腻生动，韵味无穷。读罢，已觉清凉茶意，温润愁肠。一如《走笔谢孟谏议寄新茶》诗："一碗喉吻润，二碗破孤闷。三碗搜枯肠，唯有文字五千卷。"倚着石木，淡然自在，任时光流去，更声过耳。

己卯上元，苏轼赏月归来，放杖而笑。苏过问他为何而笑，苏轼回答："盖自笑也。然亦笑韩退之钓鱼无得，更欲远去，不知走海者未必得大鱼也。"鱼之难得，不碍雅致常在，功利难近，何必苦苦相求。苏轼情怀，到底是寻常人所不能企及。

苏过乃苏轼第三子，也是王闰之二子。他长伴苏轼身侧，不管是贬往岭南，还是流放儋州，一路相随，备尝艰苦。他颇有苏轼风骨，亦能从外境超脱，不受束缚。

朝云去世后，苏轼诸多琐事，一应饮食服用，皆苏过料理。苏轼深感其意，在贬谪之时，教他画枯木竹石、记诵经史，收获甚丰。有诗以记："过子诗似翁，我唱儿辄酬。未知陶彭泽，颇有此乐不？"

在儋州几年，苏轼整理文稿，汇集成了《东坡志林》，注完了《尚书》，又和陶渊明诗十五首。他将陶诗和遍，并让苏辙写序，信中道："然吾于渊明，岂独好其诗哉？如其为人，实有感焉。"

就在东坡守着清贫岁序，遥望苍茫大海，不知归去时，元符三年（1100年），宋哲宗病逝。这位与苏轼有着五年师生情谊的君王，未得苏轼之风度气韵，却耽于酒乐，迷于女色，英年早逝。

这时的北宋王朝日渐衰败，气数已尽。那些社稷忠臣，或老或亡，或贬或散。风雨中的江山，在蔡京诸人主政下，飘飘欲坠。

因哲宗无子嗣，神宗皇后向太后主张，让庶出的哲宗兄弟——端王赵佶为帝。赵佶，即历史上的宋徽宗。这位天子写瘦金体，画花鸟，喜诗文，却不善治理国家。

于登基这事上，曾经打压苏轼的章惇，认为赵佶"轻佻，不可君天下"，并为之付出代价，被贬雷州。

宋徽宗登基之初，神宗皇太后摄政，赦免了元祐诸臣。故苏轼得以离开儋州，渡海北上。次年，宋徽宗亲政，改元为"建中靖国"，准备平息党争，以还天下康平。但这时的北宋朝堂，已如秋日寒蝉、春阳冰雪，行将没落，不可挽回。

人　生　秋　凉

　　苏轼离开了荒蛮之地，数载沉重岁月总算清明。日月山川，如他襟怀，坦荡无私，毫不遮蔽。然尘世里的炊烟人家、瓦屋深院，何处又是他的隐身之所？

第三十二章

一代词宗

他生时，不曾对虚名浮利
有过依恋；
死后，更无意后人对其生平事迹
是赞扬，还是批判。
他不曾亏欠于谁，亦对人无怨悔，
离去之时，福祸皆尽，万般不落于身。

起笔处，有梅枝斜窗，残雪映帘。搁笔时，已是万木苍翠，鸟雀往来。于我心中，苏轼如皓月，明亮无亏蚀，若清风，疏淡不萧瑟。人世欠他太多的尊重与安稳，但于尽时，浮沉终了，恩怨皆消。

元符三年（1100年）六月，苏轼离开了儋州，但这时的他，已至暮年。所伴，乃道士吴远游、苏过，以及一些散落残缺的诗章。

数载流离，几多悲感，万千心事，付与江流。眺望海天一色，雨止风息，云散月明，心事低郁转清扬，不禁写下《六月二十日夜

一　代　词　宗

渡海》。

> 参横斗转欲三更，苦雨终风也解晴！
> 云散月明谁点缀，天容海色本澄清。
> 空余鲁叟乘桴意，粗识轩辕奏乐声。
> 九死南荒吾不恨，兹游奇绝冠平生！

从黄州"也无风雨也无晴"，到"天容海色本澄清"，是一种境界的延续。唯有在绝境中，方能体悟到生命的高度。"九死南荒吾不恨"，一语道尽多少困苦，几多洒脱。

从初来儋州"把盏凄然北望"，至"兹游奇绝冠平生"，是人生的归路，也是情境的转变与超脱。

苏轼到达雷州，恰秦观在此地任职，故人相见，不胜唏嘘。一个月后，苏轼接到调令，前往永州。他今乃一朝泰斗，无论才学地位还是政治影响，皆为胜极。所到之处，一应故旧，或文坛新人以及官吏城民，对他尊敬爱慕，唯盼一瞻尊颜。

披风戴雨，车马劳顿，这一生，仿佛都在逆旅中前行。来来去去，或有归路，或有归期。古道黄尘，水复山重，风景年年相仿，身畔之人，却渐行渐远渐无踪。

其实，他早已厌倦了这样飘荡无定的生活，他宁可自己囚禁，亦不愿再受命运摆弄。行途中，朝廷颁行大赦，苏轼复任朝奉郎。

北归途中，苏轼游览金山寺，见当年李公麟给他所绘的画像，幸得寺里住持保存，仍存壁上，一时百感交集，写下《自题金山画像》。诗云："心似已灰之木，身如不系之舟。问汝平生功业，黄州惠州儋州。"

算来匆匆，已是一生。诗中所言的三处，皆为贬谪之地，当初都过着清贫潦倒的日子，却是他眼中的功业。苏子的功业，不是翰林学士，不是中书舍人，更不是汴京的富贵，而是他的文韵天然。

苏轼一生都在漂泊，如萍在水，似叶在林，却始终不曾随波逐流。他是一朵莲花，出于红尘，静影水波，不为繁华折腰，不为红尘寂寥。

他才华高绝，品格高尚，本应居官宰相，以匡天下，却因不容于众小，飘零天涯。看四海沉落，他孤身奋起，为民奔走，终为政客不容。

初经策试，那年风华，不异赤壁周郎，只待东风起处，成就大业，却因韩琦阻拦，失之交臂。至王安石当道，逐之天涯，辗转数载，未有功名之说。然他所到之处，甘雨随车，承蒙百姓爱戴，千古

一　代　词　宗

未移。

苏轼从不躲避苦难，而是深入其间，用超然姿态、达观性情，找寻脱离之法。太多的挫折磨砺了他，他本快意恩仇，到最后，却是豁然洒脱。

他不随命运浮沉，不惧忧患苦楚，任何时候，都可以活出自己的境界。他开垦荒园，栽种果蔬，煮茶酿酒，挥笔泼墨；又为万民修桥筑堤，祈雨消灾……碌碌奔走，鞠躬尽瘁。

他累了，留在了常州，这个与他缘分深浓之地。多年前，他便想着买地置宅，若陶潜那般，安于田园之乐。这一误，便是终生。陶潜尚有数载"桃源时光"，把酒东篱，远避尘嚣，不被外界扰乱。而他，几番贬谪，天涯亡命，短暂的停留，也只是灾难重叠。

没有了朝云的照料，他的世界，阴晴随意，冷暖自知。但有佳句妙词，也总少了几许温情，缺几分灵逸。煮茶温酒、红袖添香的人走了，独留他一个垂暮老人，贫病交加，仓皇失落。

建中靖国元年（1101年）七月二十八日，苏轼于常州的某个病榻之上，消逝尘寰。或有不舍，或有眷恋，又或如他清风明月般的一生，无有挂牵。

桌案上，还有一盏茶汤未饮尽，一阕辞章没写完，尚有几缕闲愁于光阴中游走，不肯消散。但世间种种，悲喜离合，再与他无关。

苏轼离世，"吴越之民，相与哭于市；其君子，相吊于家；讣闻四方，无论贤愚皆咨嗟出涕"，"满城上下，咨叹出涕"。可见，东坡居士于万民心中的分量何其深重。

他留给后人太多佳句，太多美好，太多珍贵。走过的山水、行经的路程，他亦留下无数灵思。他清绝若仙，超越了时代，无论去往何处，皆被以宾相待。他豁达的心胸、如兰的品格，让世人景仰。他在与不在，宋朝天下都一样散作风烟。

千百年来，后世对他有极高的评价，不管是诗文、辞赋，还是书法、画作。吕本中《紫微诗话》里说："自古以来语文章之妙，广备众体，出奇无穷者，唯东坡一人。"宋濂《文原》里说："自秦汉以来莫盛于宋，宋之文莫盛于苏氏。"

就连挑剔刻薄的明清评家，对苏轼亦怀崇敬之心。王鹏运《半塘遗稿》说："词家苏辛并称，其实辛犹人境也，苏其殆仙乎？"金圣叹说他："文态如天际白云，飘然从风，自成卷舒。人固不知其胡为而然，云亦不自知其所以然。"

至于评话中的"雄视百代""浩如河汉"，也非客套之语。沈德

一 代 词 宗

潜《说诗晬语》："其笔之超旷，等于天马脱羁，飞仙游戏，穷极变幻，而适如意中所欲出。"王国维《人间词话》亦说："东坡之旷在于神。"

他一生背负功名，尝尽流离之苦，想要做闲云野鹤，总难遂愿。古来多少帝王将相、英雄豪杰，尽入渔樵闲话。

他生时，不曾对虚名浮利有过依恋；死后，更无意后人对其生平事迹是赞扬，还是批判。他不曾亏欠于谁，亦对人无怨悔，离去之时，福祸皆尽，万般不落于身。

后来，他于历史上，也只是一代文豪，北宋的江山，或繁荣，或败落，与他又有何相干？人世万般皆有机缘，他所经受的委屈、煎熬，皆为了成就其文采。千秋后世，乃至万代，众生都捧读他的诗卷，传唱他的清词。

苏轼的存在，不为了打得天下，开创新朝，但他又一直为清平盛世而努力。他的清醒，不悲凉，也不柔弱，而是一种澄净的豁达。

他的人生，自第一次去了汴京城，便没有选择。那里，繁华深藏，冠盖云集，他如山中清月、岭上梅花，为世所喜，又为世所不容。

亦曾有凌云之志，因才学满腹，又有贤妻护佑，才可以那样奢侈。后仕途之路几经沉沦，人事偷换，见过太多的荒唐，但求寻个简净居所，吉祥安稳。

他的世界，就连情感都是理性温和的。他对王弗，虽有"十年生死两茫茫"的凄凉，却始终懂得珍惜眼前人。他贬去黄州，清贫无助，王闰之为其料理一切，恩深似海。

他流离惠州，唯朝云相随，与他性命相知。朝云本是舞衫歌扇的女子，被西湖之水滋养得温柔多情，却同他跋山涉水，患难与共。

朝云一生辛勤，万里相随，经不起岭南气候，染病而亡。苏轼为其写："伏愿山中一草一木，皆被佛光；今夜少香少花，遍周法界。"

他独去儋州，死生难料，多少人为之心里震动，潸然落泪。他深知那里是海角天涯、荒城残景，但又何惧消磨？纵无安身之处、三餐不继，仍煮茶作词，风雅不减。

人世几多幻灭，无惊于他。他是往来于红尘的苏子，不为贪嗔痴恨所困，对众生万民，他都是好心，却不用情。因为他不要牵绊于人，亦不要别人挂碍于他。

一　代　词　宗

　　他无陶潜闲静，有一段平淡自得的隐逸时光；无王维恬然，过着半仕半隐的悠闲岁月；无李白浪漫放纵，高风绝尘，一生唯诗酒相亲。但他的豁达气势、超脱豪情，占据了整个宋朝，亦不输盛唐。

　　他落笔如风雨，其高远境界、潇洒性情、慷慨之思，自古无人可及。千秋万世，一代词宗，人间只有一个东坡居士。

　　他是云崖之畔的一株苍松，是浩瀚苍穹的一轮皓月，洒然风度，清洁气韵，和人世遥相呼应。转身，离去，看似寂寥的散场，恰是华丽的开始。